중국의 명시 산책

고팔미 지음

신아사

마음치유의 산책길을 찾아서

중국시가는 수천 년 동안 단절 없이 이어져 왔으며, 우리는 지금 조금의 노력만으로 그 때 쓰인 시가를 읽으며 그 맛과 향을 느낄 수 있다. 이는 표의문자인 한자 때문에 가능한 것이다.

한자는 수천 년을 두고 그 모양이나 의미가 불변하였고, 세계 어느 글자와도 비교할 수 없는 시적 언어가 되었다. 표의문자라는 한자의 특성은 시어로 쓰일 때는 한없는 함축성을 가질 뿐만 아니라, 또한 중국어의 성조를 시가의 음율에 활용하여 평측과 압운으로 인한 음악적인 절주미를 가져오게 하였다. 이는 중국고전시가에서만이 구현될 수 있는 문자에 의한 예술의 극치이었으며, 아마도 이러한 시적 문자는 한자가 제일일 것이다.

중국은 시의 나라로 알려져 있다. 중국의 시는 중국 문화 가운데 가장 중심이 되는 문학양식이며 모든 문학의 주류이고 원류이다. 때문에 고대 중국에서 시는 생활에 필수 불가결한 부분으로 자리했다. 글을 아는 사람은 모두 시를 읽고 지었으며, 글을 모르는 사람도 시를 듣고 노래했다. 벼슬을 하는 사람이나 하려는 사람은 모두 시인이었다. 이처럼 시는 고대 중국에서 중요한 생활의 일부이었을 뿐 아니라, 이는 오늘날에도 살아 숨 쉬는 언어가 되어 생활 속에 녹아있다. 중국 명승지에는 가는 곳마다 옛 시인들의 시구가 주련으로, 또는 바위 위에, 혹은 액자나 족자 속에 남아있고, 심지어는 집안의 찻잔이나 부채 위에서도 손쉽게 볼 수 있는 일상적인 것이 되어 여전히 민중들과 함께 호흡하고 있다. 뿐만 아니라 중국 사람들과의 교류에서도 시가는 항상 서로의 감정을 이어주는 매개역할을 하고 있다. 따라서 중국 문학이나 문화를 이해하는 데 있어서 중국 고전시에 대한 이해는 필수적이라 할 수 있다.

이 책에는 중국 역대 시인의 중요도와 지명도 그리고 중국 사람들이 가장 많이 애송하는 시가를 참작하여 50수를 골라 감상할 수 있도록 실었다. 작품은 독자가 쉽게 이해하고 외울 수 있도록 장편은 피하고 주로 편폭이 짧은 절구를 선택했다. 아울러 한자의 한글독음과 중국어 음을 함께 수록하였고, 우리나라와 대만에서 사용하는 번체자와 중국에서 사용하는 간체자를 함께 병기하여 한자 공부와 중국어 공부를 함께 할 수 있도록 배려하였다. 또한 시가의 사이사이에 그 시가의 내용을 그린 그림을 삽입하여 그림과 함께 시가를 감상하는 재미를 더하게 하였다.

시에는 인간의 진실한 감정과 영혼이 녹아있어, 시를 음미하면 마음이 순화되고 아름다워진다. 시를 읽으면 바쁜 현대의 일상에서 채울 수 없는 넉넉한 마음의 여유도 찾을 수 있고, 우리의 황폐한 마음에 따스한 정서를 불어넣을 수 있으며, 시공을 뛰어넘는 인간 보편의 진솔한 삶의 채취도 느낄 수 있다. 중국시가는 소리 내어 읽어야 한다. 언어들이 연주하는 음악을 감상하기 위해서는 낭송하여야하며, 이때 비로소 시가의 아름다움을 느끼며 시심과 접촉할 수 있게 되는 것이다. 부디 이 한 권의 책이 영혼을 울리고 마음을 가꾸어 세상과 인간을 바라보는 눈길이 한결 따뜻하고 정겨워지길 바란다.

2012년 8월

저자 고팔미

일러두기

1. 중국인이 애송하는 명시 50수를 골라 실었다. 가능한 독자가 쉽게 이해하고 외울 수 있도록 장편은 피하고 편폭이 짧은 절구를 많이 선택했다.
2. 작품의 배열은 시대순서와 작가의 생졸연대를 기준으로 하였다. 동일한 작가의 작품은 작시연대를 고려하여 배열하였다.
3. 번체자 원문과 한글독음, 한글 번역문, 간체자 원문과 한어병음, 자구풀이, 해설의 순서로 실었다. 한글독음과 중국어음을 함께 수록하고, 한국·대만에서 사용하는 번체자와 중국에서 사용하는 간체자를 함께 병기하여 한자 공부와 중국어 공부를 함께 할 수 있도록 배려하였다.
4. '번체자 원문'은 원문이 본래 번체자로 쓰였기 때문에 번체자를 수록하였다.
5. '한글 번역문'은 가능한 직역을 원칙으로 하였으나 원문을 손상시키지 않는 범위 내에서 의역도 적절히 배합했다.
6. '간체자 원문'은 간체자에 익숙한 독자를 배려한 것이다.
7. '한글독음'은 한자에 익숙하지 않은 독자를 배려한 것이다.
8. '한어병음'은 중국시가를 현대 표준중국어의 리듬에 맞춰 낭송하고 감상할 수 있게 하자는 의도에서 표기하였다.
9. '자구풀이'는 한문공부를 돕기 위해 간단하게 풀이한 것이다.
10. '해설'은 시의 감상을 돕기 위해 덧붙인 설명이다.
11. '부록'에는 작자소개와 함께 중국시가에 대한 전반적인 이해를 돕기 위해 '중국시가의 흐름'과 '중국시가의 특징과 형식'을 수록하였다.
12. 시의 감상을 돕고 재미를 더하기 위해 중간에 그림을 삽입하였다. 그림은 대부분 상해고적출판사(上海古籍出版社, 2001)에서 발행한 "명가회당시화보삼백수(名家繪唐詩畫譜三百首)"와 인터넷 매체에서 채록하였다.

시가 목차

시경詩經

물수리(관저 關雎)

시경(詩經)

『시경(詩經)』은 중국에서 가장 오래된 시가집으로 기원전 5세기에 편찬된 것이다. 여기에는 기원전 11세기(西周 초)부터 기원전 6세기(春秋 중엽)에 이르기까지 약 5~6백년간의 시가 305편이 실려 있다. 때문에 사람들은 '시삼백(詩三百)' 혹은 시삼백편(詩三百篇)이라고 불렀으나 한대(漢代)에 경전으로 여기어 『시경』이라 하였다. 『시경』은 음악의 곡조에 따라 풍(風) · 아(雅) · 송(頌) 세 부분으로 구성되어 있다. 풍은 각 지방의 15개 제후국의 민요로 모두 160편이다. 아는 조정의 조회 때 연주되던 음악인 대아(大雅)와 향연을 할 때 연주되던 음악인 소아(小雅)로 나뉘며, 모두 105편이 있다. 송은 주송(周頌) · 상송(商頌) · 노송(魯頌)으로 구성되어 있고, 모두 40편으로 종묘 제사용 노래이다.

문학사에서 특히 『시경』의 중심을 이루는 것은 풍에 들어 있는 민가들이다. 여기에 남아있는 민가에는 옛 사람들의 여러 가지 생활상과 감정이 꾸밈없이 반영돼 있다. 남녀 간의 사랑에서 오는 기쁨과 괴로움, 평민들이 겪는 부당한 노고, 전쟁의 비정함 등이 시 속에 생동하고 있다.

중국시가는 『시경』이후 오늘날까지 근 삼천여년 동안 끊임없이 계승 발전되어 왔다. 또한 여기에 사용된 문자인 한자는 그 형태나 뜻에서 기본적으로 별 변화가 없었기 때문에, 삼천 년 전의 글을 오늘날 우리가 조금의 노력만 하면 읽을 수 있다. 이는 세계적으로도 유래가 없는 기적이다. 중국문학은 『시경』이 바탕이 되어 발전하였기 때문에 중국문학의 비조라 한다.

诗经

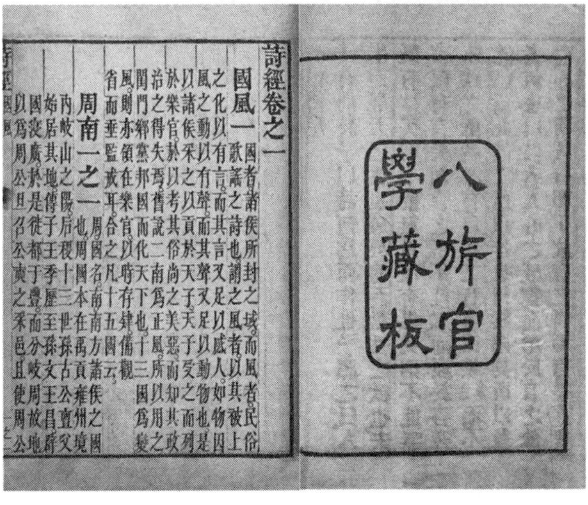
詩經卷之一
國風一
周南一之一
八旂官學藏板

01

물수리(관저 關雎)

시경(詩經) 주남(周南)

關雎 관저

關關雎鳩,	관관저구,
在河之洲。	재하지주.
窈窕淑女,	요조숙녀,
君子好逑。	군자호구.
參差荇菜,	참치행채,
左右流之。	좌우류지.
窈窕淑女,	요조숙녀,
寤寐求之。	오매구지.
求之不得,	구지부득,
寤寐思服。	오매사복.
悠哉悠哉,	유재유재,
輾轉反側。	전전반측.

參差荇菜,　참치행채,
左右采之。　좌우채지.
窈窕淑女,　요조숙녀,
琴瑟友之。　금슬우지.
參差荇菜,　참치행채,
左右芼之。　좌우모지.
窈窕淑女,　요조숙녀,
鐘鼓樂之。　종고락지.

물수리

꽈안꽈안 물수리여,
황하 섬에 있고요.
요조숙녀여,
군자의 좋은 짝이고요.

올망졸망 피어있는 노랑어리연꽃을,
이리저리 붙잡고요.
요조숙녀를,
자나 깨나 구하고요.
구해도 못 구해서,
자나 깨나 생각하노니.
아이고 아이고,
엎치락뒤치락하고요.

올망졸망 피어있는 노랑어리연꽃을,
이리저리 캐내고요.
요조숙녀를,
거문고로 사귀고요.
올망졸망 피어있는 노랑어리연꽃을,
이리저리 고르고요.
요조숙녀를,
쇠북으로 즐기고요.

关雎 Guānjū

关关雎鸠,	Guānguān jūjīu,
在河之洲。	Zài hé zhī zhōu.
窈窕淑女,	Yǎotiǎo shūnǚ,
君子好逑。	Jūnzǐ hǎo qiú.

参差荇菜,	Cēncī xìngcài,
左右流之。	Zuǒyòu lǐu zhī.
窈窕淑女,	Yǎotiǎo shūnǚ,
寤寐求之。	Wùmèi qiú zhī.
求之不得,	Qiú zhī bù dé,
寤寐思服。	Wùměi sīfú.
悠哉悠哉,	Yōuzai yōuzai,
辗转反侧。	Zhǎnzhuǎn fǎncè.

参差荇菜,	Cēncī xìngcài,
左右采之。	Zuǒyòu cǎi zhī.
窈窕淑女,	Yǎotiǎo shūnǚ,
琴瑟友之。	Qínsè yǒu zhī.
参差荇菜,	Cēncī xìngcài,
左右芼之。	Zuǒyòu màozhī.
窈窕淑女,	Yǎotiǎo shūnǚ,
钟鼓乐之。	Zhōnggǔ yuè zhī.

자구풀이

1. 關雎(관저, guānjū) : '관관저구(關關雎鳩)'의 줄임말. '관관'은 암수가 서로 부르는 소리를 나타낸 의성어. '저구'는 저구새, 물수리, 징경이 새. 암수 사이가 좋은 새. (빗장 – 관) (물수리 – 저)
2. 窈窕淑女(요조숙녀, yǎotiǎoshūnǚ) : '요조'는 아름다운 모습. '숙녀'는 착한 여자. (그윽할 – 요) (정숙할 – 조) (맑을 – 숙)
3. 君子好逑(군자호구, jūnzǐhàoqiú) : '군자'는 멋진 신사(紳士), '호구'는 좋은 배필. (짝 – 구)
4. 參差(참치, cēncī) : 가지런하지 않고 올망졸망 섞여있는 모습. '差'를 여기서는 '치'로 읽음. (간여할 – 간) (어긋날 – 차)
5. 荇菜(행채, xìngcài) : 늪에 생기는 풀. 노랑어린연꽃. 또는 마름 풀. (노랑어리연꽃 – 행) (나물 – 채)
6. 左右流之(좌우류지, zuǒyòuliúzhī) : '좌우'는 이리저리. '유(流)'는 구(求)와 통함. 이리저리 찾아다님.
7. 寤寐(오매, wùmèi) : 자나 깨나. (깰 – 오) (잠잘 – 매)
8. 思服(사복, sīfú) : '사복'은 사념(思念)과 같은 말. 생각하고 그리워 함. (생각 – 사) (옷 – 복)
9. 悠哉(유재, yōuzāi) : 생각이 끝없이 일어남. (멀 – 유) (어조사 – 재)
10. 輾轉反側(전전반측, zhǎnzhuǎnfǎncè) : 몸을 엎치락뒤치락하며 잠을 이루지 못 함. (구를 – 전) (구를 – 전) (되돌릴 – 반) (곁 – 측)
11. 琴瑟(금슬, qínsè) : 거문고와 비파. 이 두 악기의 음은 무척 잘 어울림. 우리말에 부부간의 화목한 애정을 뜻하는 '금슬'은 바로 이 시에서 나온 말임. (거문고 – 금) (큰 거문고 – 슬)
12. 芼(모, mào) : '택(擇)'의 뜻으로 쓰임. 고르다, 가리다의 뜻. (풀 우거질 – 모)
13. 鐘鼓(종고, zhōnggǔ) : 종과 북. (종 – 종) (북 – 고)

감상

「관저(關雎)」는 『시경』 첫 편에 나오는 시이다. 『시경』의 시들은 원래 제목이 없었는데 나중에 편의상 첫 줄의 몇 개 글자를 따서 제목으로 삼았다.

『모시(毛詩)』에서는 이 시를 후비(后妃)의 덕을 노래한 시라고 했지만, 누가 보아도 남녀 간의 사랑을 노래한 시임을 알 수 있어, 요즘은 남자가 여자를 그리는 심정을 묘사한 연정시라는 견해가 지배적이다.

『시경』의 시들은 춘추시대 여러 나라의 민요들로 이루어졌기 때문에 작자는 알 수 없다. 이 시는 한 남자가 강가 모래톱 위에 들쑥날쑥 엉켜있는 노랑어리 연꽃을 보고, 아름답고 마음씨 착한 요조숙녀를 떠올리며 배필을 삼고자 하는 노래이다. 우리가 흔히 쓰는 '요조숙녀'는 바로 시경의 이 시에서 나온 말이다. 아름답고 착한 요조숙녀는 자기 같은 젊은 신사(군자)의 좋은 배필이라고 생각하고는, 자나 깨나 찾아다니다, 끝내는 밤새 잠 못 이루며 뒤척이는 애타는 심정을 그리고 있다.

노랑어리연꽃을 등장시켜 아가씨를 연상하고, 노랑어리연꽃을 고르고 따는 정경을 통해 아가씨를 골라 사귀고 결혼할 꿈을 꾼다. 금슬의 화음처럼 잘 어울리는 아가씨를 골라 결혼하고, 종과 북을 울리며 행복하게 살고 싶다는 남자의 간절한 심정은 예나 지금이나 별반 다르지 않은 것 같다. 이 시는 특별한 꾸밈이나 수식 없이 단순한 어구의 반복과 연상 작용으로 전개되는 연정 시이다. 우리가 쓰는 '요조숙녀'나 '금슬'이 시경에서 비롯된 역사 깊은 말이라는 사실이 새삼 재미있게 느껴진다.

초사楚辭

창랑의 노래(창랑가 滄浪歌)

초사(楚辭)

초사는 전국시대 때 중국 남방 초나라에 출현한 새로운 시체(詩體)를 말한다. 또한 초나라의 위대한 시인 굴원(屈原)과 송옥(宋玉)의 시를 가리킨다.

초사라는 시체는 처음 민가에서 발생하였다. 초나라 특유의 지방음악은 초사 탄생에 영향을 끼쳐 초사가 발생되었다. 이는 초 땅에서 원시시대부터 신에게 제사 지낼 때의 무술종교와 가무의 연장에서 이루어진 것이다. 이러한 초나라의 독특한 지방문화의 기초 위에 북방 중원문화를 흡수하여 초사가 발생하게 된 것이다.

초사의 특징을 살피는 데는 북방문학의 대표인 ≪시경≫과 비교하면 그 특징을 확실하게 알 수 있다. ≪시경≫은 4언으로 구를 이루는데 비해, 초사는 자수가 일정치 않고 비교적 자유롭다. 또 허자(虛字)를 사용하고 어미에 혜(兮)자를 사용하여 민가의 색채가 농후한 특징이 있다.

≪시경≫에는 당시의 사회상이나 현실적인 내용이 많은데 비해, 굴원이나 송옥 등의 초사를 보면 표현수법도 화려하고 상상과 과장수법을 대량으로 운용하여 초현실적인 내용을 보이고 있다.

초사라는 명칭은 처음 사마천(司馬遷)의 ≪사기(史記)≫에 보이고, 반고(班固)의 ≪한서(漢書)≫에도 언급되고 있어, 이미 한나라 초에 초사라는 명칭이 있었음을 알 수 있다. 한나라 초에 유향(劉向)이 굴원(屈原), 송옥(宋玉)과 가의(賈誼) 등의 작품을 모아 ≪초사(楚辭)≫라는 시집으로 편찬하였다. 동한 때 왕일(王逸)이 주석을 달고 ≪초사장구(楚辭章句)≫를 편찬하였는데 이 책이 역대로 유행하는 주석본이 되었다.

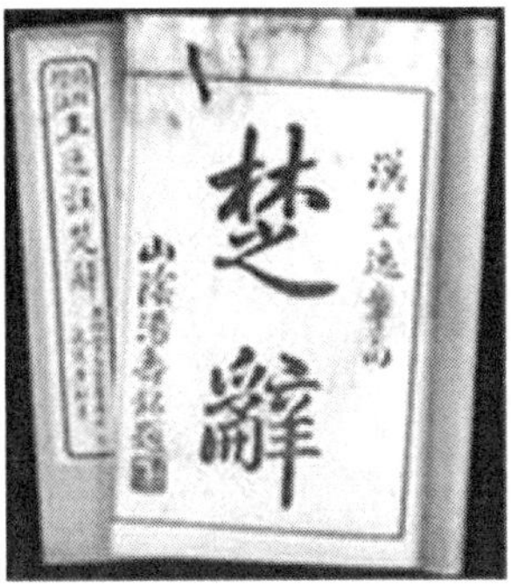
楚辭

楚辭章句

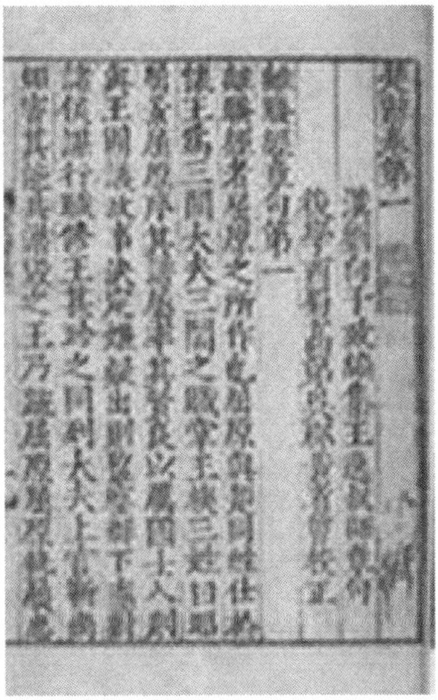

02

창랑의 노래(창랑가 滄浪歌)

초가(楚歌)

滄浪歌 창랑가

滄浪之水淸兮, 창랑지수청혜,
可以濯我纓。 가이탁아영.
滄浪之水濁兮, 창랑지수탁혜,
可以濁我足。 가이탁아족.

창랑의 노래

창랑의 물 맑아지면,
내 갓끈을 씻을 것이요.
창랑의 물 흐려지면,
내 발을 씻을 거라네.

沧浪歌 Cānglàng gē

沧浪之水清兮, Cānglàng zhī shuǐ qīngxī,
可以濯我缨。 Kěyǐ zhuó wǒyīng.
沧浪之水浊兮, Cānglàng zhī shuǐ zhuóxī,
可以濯我足。 Kěyǐ zhuó wǒzú.

자구풀이

1. 滄浪(창랑, Cānglàng) : 물 이름. 창랑수(滄浪水). (찰－창) (물결－랑)
2. 兮(혜, xī) : 초사에 많이 쓰인 어기조사로, 지금의 '啊'에 해당함. (어조사－혜)
3. 濯(탁, zhuó) : 씻음. (씻을－탁)
4. 纓(영, yīng) : 갓 끈. (갓끈－영)
5. 濁(탁, zhuó) : 흐림. 탁함. 더러움. (흐릴－탁)

감상

이 시는 춘추전국시대의 남방에 있던 초나라 민가로 전해온다. 『맹자(孟子)』에 보면, 공자(孔子)는 한 소년이 이 노래를 부르는 것을 듣고 깊은 감회가 있어 제자들에게 "저 노래를 들어 보아라. 갓 끈을 씻건 발을 씻건 그건 모두 물이 스스로 만든 일이다"라고 말했다고 한다.

이 뜻은 사람의 생각이나 행동이 바르면 다른 사람이 그를 존경하게 되고, 또 바르지 못하면 다른 사람이 무시하게 된다는 말이다.

또 『초사(楚辭)』의 「어부사(漁父辭)」에는 어부가 굴원(屈原)을 향해 이 노래를 불렀다고 한다. 그 뜻은, 인간의 세계는 좋건 그르건 그때그때의 세속을 따라야 하며, 자신의 주장을 지나치게 내세우지 않는 것이 처세를 잘하는 것이라는 의미다. 굴원과 같이 초나라 관료사회의 부패에 항거하여 청렴과 정의를 주장하면 도리어 몰락한다는 어리석음을 풍자한 내용이다.

창랑이란 흔히 중국의 한수(漢水)를 가리키나 그렇지 않다는 설도 있다.

한대시 漢代詩

03

하늘이여!(상야 上邪)

한대악부(漢代樂府)

악부시

악부(樂府)란 본래 한대(漢代)에 음악을 관장하는 관청이었으며, 이 관청에서는 민간에서 유행하는 민간가요를 수집하여 그 성률(聲律)을 다듬어서 궁정에서 부르기 적합하도록 하였다. 이 악부에서 수집한 민가에 의해 우리는 지금도 한나라 때 민중들의 노래를 들을 수 있다. 이러한 민가 속에는 전쟁, 빈곤, 사망, 사랑, 이별, 가정비극, 남녀문제 등 당시의 사회현상을 풍부한 감정으로 진실하게 표현하고 있다. 그 후 악부는 민간가요의 대명사가 되었다. 때문에 악부시는 풍요(風謠)이고 민가이며 음악과 밀접한 관계가 있는 가행체(歌行體)시가라고 할 수 있다. 그러나 당나라에 이르면 악부시는 음악적 성분이 상실되고, 이미 중국시가의 중요한 시체가 되었다.

上邪！ 상야

我欲與君相知， 아욕여군상지,
長命無節衰。 장명무절쇠.
山無陵， 산무릉,
江水爲竭， 강수위갈,
冬雷震震， 동뢰진진,
夏雨雪， 하우설,
天地合， 천지합,
乃敢與君絶！ 내감여군절!

하늘이여！

내 님과 서로 사랑하여,
오래도록 끊이지 않겠어요.
산이 닳아 언덕 없어지고,
강물이 말라붙고,
겨울에 천둥치고,
여름에 눈 내리고,
하늘과 땅이 합쳐진다 한들,
어찌 감히 님과 헤어지리오!

上邪！Shàngyé

我欲与君相知，　　Wǒ yù yǔ jūn xiāng zhī,
长命无节衰。　　Cháng mìng wú jué shuāi.
山无陵，　　Shān wú líng,
江水为竭，　　Jiāngshuǐ wéi jié,
冬雷震震，　　Dōngléi zhènzhèn,
夏雨雪，　　Xià yù xuě,
天地合，　　Tiān dì hé,
乃敢与君绝！　　Nǎi gǎn yǔ jūn jué!

자구풀이

1. 上邪(상야, shàngyé) : "상(上)"은 하늘 또는 하느님, "야(邪)"는 어조사로 "야(耶)"와 같음. (위－상) (어조사－야)
2. 君(군, jūn) : 사랑하는 님, 그대. (임금－군)
3. 知(지, zhī) : 사랑(愛). (알－지)
4. 命(명, mìng) : 사역동사로 "시키다(令)", "~하게 하다(使)"의 의미. (목숨－명)
5. 陵(능, líng) : 높은 봉우리. (언덕－능)
6. 竭(갈, jié) : (물이) 마르다. (다할－갈)
7. 震震(진진, zhènzhèn) : 의성어로 천둥소리를 가리킴. (우레－진)
8. 雨雪(우설, yùxuě) : "우(雨)"는 "내리다"라는 동사로 쓰여, 4성으로 읽는다. (비－우) (눈－설)

감상

한대 악부 민가에 나오는 연정시이다. 한 여인이 사랑하는 사람에게 사랑의 맹세를 호소한다. “하늘이여! 나는 그 사람을 사랑해요. 영원토록 변함없이 애정의 꽃이 시들지 않도록 해 주세요” 하늘이 땅이 되고, 강이 마르고, 산이 닳아 없어지고, 천지가 개벽할 때까지 오직 그를 사랑하게 해 달라는 절절한 맹세이다. 불가능한 몇 가지 조건을 제시함으로써 감정적 호소력이 훨씬 선명해졌다. 더욱이 하늘과 땅이 합해져 지구가 멸망하는 단계까지 이어가는 상상력은 사랑의 맹세가 얼마나 강하고 견고한지를 잘 대변하고 있다. 이천 여 년 전이나 지금이나 변함없이 인간이 내면에서 추구하는 근원은 이와 같은 사랑인가보다.

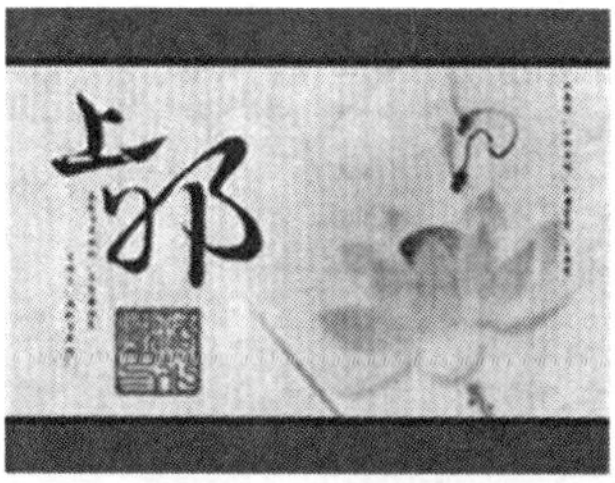

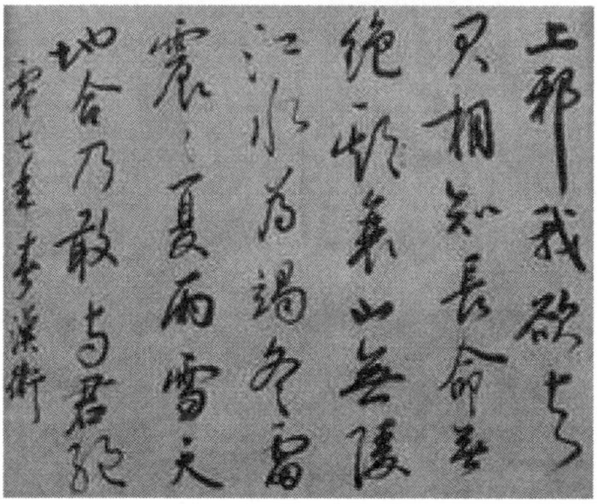

04

가고 가고 또 가고

(행행중행행 行行重行行)

한대고시(漢代古詩) ≪고시십구수(古詩十九首)≫

고시(古詩)

중국 문학사상 악부시의 가장 큰 공로 중 하나는 오언시(五言詩)를 이룩하고 발전시켰다는 점이다. 오언시는 중국의 가장 대표적인 시형(詩形)이기 때문에 오언시의 발생과 발전은 곧바로 중국 문학의 발전과 중대한 연관이 있게 된다. 민간의 악부고사는 형식에서는 자유로웠으나, 후세로 갈수록 오언으로 정형화하여 마침내는 오언고시를 완성시켰던 것이다. 본래 한대의 민가들은 형식이 자유로운 장단구(長短句)였으나, 동한에 들어와서는 부(賦)와 산문도 수사와 대구를 중시하고 형식이 정제화하는 경향을 보인다. 따라서 악부에 대한 사대부들의 관심도 늘어나 오언으로 정형화하는 경향을 보이기 시작했던 듯하다. 오언은 이전의 사언(四言)이나 사부체(辭賦體)보다도 리듬이 경쾌하고 청신한 맛이 있어 발전이 빨랐던 듯하다. 대체로 오언고시가 이룩된 것은 동한 중엽에서 말엽에 이르는 시기라고 여겨진다. 따라서 동한의 악부고사들은 고시와 전혀 구별이 안 되는 경우가 많다. 곧 악부시라 하여도 좋고, 고시라고 불러도 좋은 경우가 많다.

한대의 고시는 『문선(文選)』, 『옥대신영(玉臺新詠)』, 『고문원(古文苑)』

등에 여러 수가 실려 있으나, 그 중에서도 가장 대표적인 작품이 『문선』에 실린 『고시십구수』이다.

고시십구수(古詩十九首)

『고시십구수』는 동한 말 무명의 문인이 악부민가를 모방하여 지은 오언시로 보이며, 한때 한 사람의 작품은 아닌 듯하다. 이 고시는 최초로 남조 양나라 때 소통(蕭統)이 편찬한 시문선집 『문선(文選)』에 보이며 지금까지 19수가 남아 전하므로 『고시19수』라고 한다. 『고시십구수』의 내용은 대부분이 어지러운 동한 말의 사회를 배경으로 한 남녀의 정을 노래한 것인데, 자연히 이별로 말미암은 그리움이 그 중심을 이룬다. 민가처럼 소박하고 솔직한 맛은 없으나. 세련된 오언으로 모두 절실한 감정표현에 성공하고 있어 새로운 서정의 세계를 개척했다고 볼 수 있다. 이를 바탕으로 하여 건안(建安) 연간부터 조조(曹操) 삼부자를 중심으로 한 문인들에 의하여 본격적인 오언시의 창작이 시작되어 중국 문학사의 새로운 전개를 보게 되는 것이다.

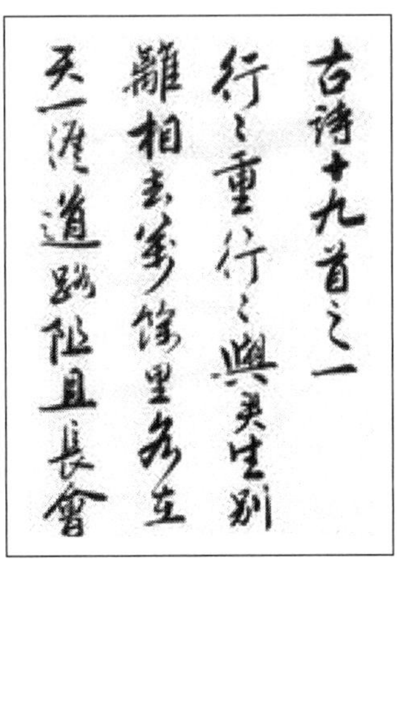

行行重行行 행행중행행

行行重行行,	행행중행행
與君生別離.	여군생별리
相去萬餘里,	상거만여리
各在天一涯.	각재천일애
道路阻且長,	도로조차장
會面安可知.	회면안가지
胡馬依北風,	호마의북풍
越鳥巢南枝.	월조소남지

相去日已遠,	상거일이원
衣帶日已緩.	의대일이완
浮雲蔽白日,	부운폐백일
遊子不顧返.	유자불고반
思君令人老,	사군령인로
歲月忽已晚.	세월홀이만
棄捐勿復道,	기연물부도
努力加餐飯.	노력가찬반

가고 가고 또 가고

가고 가고 또 가고 가시니,
님과 생이별이군요.
서로 만 리나 떨어져,
각자 하늘 끝에 있네요.
길은 험하고 멀어,
만날 날을 어찌 알 수 있겠어요?
호마는 북풍에 의지하고,
월조는 남쪽 가지에 둥지를 틀지요.

서로 떨어진 날이 멀어질수록,
허리띠는 날마다 헐거워졌는데,
뜬 구름이 밝은 해를 가리듯,
떠도는 그대는 돌아올 생각도 없네요.
님 생각에 사람은 늙어가고,
세월은 어느덧 너무 저물었어요.
버려진 것 다시 말하지 않을래요.
애써 밥이나 더 먹어야 하겠지요.

行行重行行　Xíng xíng chóng xíng xíng

行行重行行,	Xíng xíng chóng xíng xíng,
与君生别离.	Yǔ jūn shēng biélí。
相去万馀里,	Xiāng qù wànyúlǐ,
各在天一涯.	Gè zài tiān yì yá。
道路阻且长,	Dàolù zǔ qiě cháng,
会面安可知.	Huì miàn ān kě zhī。
胡马依北风,	Húmǎ yī běifēng,
越鸟巢南枝.	Yuèniǎo cháo nánzhī。
相去日已远,	Xiāng qù rì yǐ yuǎn,
衣带日已缓.	Yīdài rì yǐ huǎn。
浮云蔽白日,	Fú yún bì bái rì,
游子不顾返.	Yóu zǐ bú gù fǎn。
思君令人老,	Sī jūn lìng rén lǎo,
岁月忽已晚.	Suìyuè hū yǐ wǎn。
弃捐勿复道,	Qìjuān wù fù dào,
努力加餐饭.	Nǔ lì jiā cān fàn。

자구풀이

1. 行行(행행) : 가고 또 가다. (갈-행)
2. 重(중) : 거듭하다. (무거울-중)
3. 生別離(생별리) : 살아서 이별하다, 생이별하다. (날-생) (나눌-별) (떠날-리)
4. 相去(상거) : 서로 떨어져 있다. '거'는 '이(離)'와 같다. (서로-상) (갈-거)
5. 各在天一涯(각재천일애) : 각자 하늘 한 끝에 있다. (물가-애)
6. 阻且長(조차장) : 험난하고 멀다. (막힐-조) (또-차) (길-장)
7. 會面(회면) : 만나다. '見面'과 같다. (모일-회) (낯-면)
8. 安可知(안가지) : 어찌 알 수 있으리오? 길이 험하고 멀어서 만날 날을 기약할 수 없다는 말. (편안-안) (옳을-가) (알-지)
9. 胡馬(호마) : 북방 오랑캐의 말. (오랑캐-호) (말-마)
10. 依北風(의북풍) : 북풍에 기대다. 고향인 북쪽을 그리워한다는 말. (의지할-의)
11. 越鳥(월조) : 남쪽 월나라의 새. (넘을-월) (새-조)
12. 巢南枝(소남지) : 남쪽 가지에 둥지를 틀다. 이상의 두 구절은 말이나 새도 이렇게 자신이 떠나온 곳을 못 잊어 하니, 떠나간 임도 마찬가지로 이곳을 그리워할 것이라는 말. (새집-소) (가지-지)
13. 日已遠(일이원) : 날이 점점 오래되다. (날-일) (이미-이) (멀-원)
14. 衣帶(의대) : 허리띠. (옷-의) (띠-대)
15. 日已緩(일이완) : 날이 갈수록 느슨해진다. 날로 헐거워지다. (느릴-완)
16. 浮雲(부운) : 뜬 구름. (뜰-부) (구름-운)
17. 蔽白日 (폐백일) : 해를 가리다. 이 구절은 구름이 해를 가리듯이 떠나간 임에게 새로운 여 자가 생겨 작가 자신을 향한 마음을 가리지 않았는가 하는 의구심의 표현. (덮을-폐) (흰-백) (날-일)
18. 遊子(유자) : 떠돌아다니는 사람, 나그네. 여기서는 떠나간 임을 가리킨다. (놀-유) (아들-자)
19. 不顧返(불고반) : 돌아올 것을 염두에 두지 않다. '不顧'는 '~하려 들지 않다'의 뜻이다. (돌아볼-고) (돌아올-반)
20. 令人老(영인로) : 사람으로 하여금 늙게 하다. '令'은 사역동사. (하여금-영) (늙을-로)

21. 忽已晩(홀이만) : 문득 너무 늦게 되었다. (갑자기－홀) (이미－이) (늦을－만)

22. 棄捐(기연) : 버리고 쓰지 않다. 버림받다. 이 낱말은 때를 얻지 못한 문인이나 남편에게 사랑을 얻지 못한 부인을 두고 하는 말. '그만두자!'의 의미로 현대중국어의 '算了吧!'와 같은 뜻으로 풀이하는 경우도 있음. (버릴－기) (버릴－연)

23. 勿復道(물부도) : 다시 말하지 말라. '勿'은 '~하지 말라', '道'는 '말하다'의 뜻. 이 구절은 돌아오지 않는 임에 대한 그리움으로 늙어 가는 자신을 보고 스스로에게 한 말. "버림받은 이 일을 다시 말하지 말자!" (말－물) (다시－부) (길－도)

24. 加餐飯(가찬반) : 식사를 더하다. 이 구절은 앞 구절과 관련하여서 더 이상 버림받았다는 사실 때문에 괴로워하지 말고 식사 잘 하여 내 스스로라도 내 자신을 위하자는 말. 마지 막 두 구절을 여인이 떠나간 임에게 전하는 말로 보는 경우도 있음. 이렇게 되면 '棄捐' 은 돌아오지 않는 임에 대한 원망의 생각이나 불평의 말을 다 그만 접어 두겠다는 말이 됨. 다 접어 두고 다시 말하지 않겠으니 식사 잘 하시고 몸 건강히 계시라는 뜻임. (더할－가) (밥－찬) (밥－반)

감상

이 시는 동한 말엽 창작된 『고시십구수』의 첫째 작품이다. 이 시는 민가였던 것을 한 무명작가가 오언시로 다듬어 놓은 것으로 보인다. 『고시십구수』의 내용은 대부분이 어지러운 동한 말의 사회를 배경으로 한 남녀의 정, 그 중에서도 특히 이별로 말미암은 그리움이 그 중심을 이룬다. 이 작품도 임과 이별한 뒤에 떠나간 임에 대한 그리움을 절절하게 노래한 시이다.

이 작품은 크게 두 단락으로 나누어진다. 앞 6구는 이별의 상황을 묘사한 것이요, 뒤 10구는 이별 후의 그리움을 적은 것이다. 임과의 이별은 그것이 '만여 리'나 떨어진 '각기 하늘 한 끝'에 있으며, 또 그 길이 '험하고 멀기' 때문에 다시 만난다는 것은 '기약할 수도 없는' 절망적인 것이 되고 만다. 이러한 절망적인 상황을 여인은 '호마'와 '월조'가 그 고향을 그리워한다는 자발적이고 자연스러운 이치를 제시함으로써 극복하려고 한다. 즉 '호마'와 '월조'처럼 떠나간 임 역시 그의 고향으로서의 여인 자신을 그리워할 것이라는 믿음을 갖는 것이다. 그러나 떨어져 있는 날이 더욱 오래되면서 그리움 때문에 여인은 병을 앓고, 다시 돌아오지 않는 임에 대해 혹시리도 '뜬 구름'(다른 여인) 때문에 돌아오지 못하시는가 하고 원망의 생각을 갖기에 이른다. "나는 이렇게 오랜 세월을 당신을 그리워하면서 이렇게 늙어 버렸는데……." 그리움으로 보낸 세월 속에서 이미 늙어 버린 자신의 모습에 은근히 부아가 치밀어 오른다. "에라, 그만두자! 버림받았다는 것 다시는 말하지 말자! 애써 밥이나 잘 먹고 내 스스로라도 날 위하여야 하겠지." 이 마지막 말처럼 이 여인은 그렇게 다시는 말하지 않게 되었을까? 다시는 임을 그리워하며 눈물짓는 일 따위는 하지 않게 되었을까?

위진시 魏晉詩

일곱 걸음(칠보시 七步詩)

위진(魏晉) 시 개설

위진 시기는 정치적 사회적으로 혼란했다. 동한(東漢, 25~220)을 멸망시키고 들어선 위(魏, 220~265)는 잠시 오(吳, 220~280), 촉(蜀, 221~263)과 함께 삼국정립의 형세를 취하다가 촉을 병합하나 곧 서진(西晉, 265~316)에게 멸망당하고, 서진은 천하를 통일한 지 얼마 뒤 다시 서북쪽에서 일어난 이민족에게 멸망당하게 된다.

위진 시기의 시는 건안시기(建安時期), 정시시기(正始時期), 서진시기(西晉時期)로 나뉘는데, 시기별로 시풍의 차이가 있다.

(1) 건안 시기의 시

건안(196~220)은 동한 최후의 황제인 헌제(獻帝)의 연호이며, 문학사상으로는 동한 말에서부터 위대(魏代) 전반기까지의 시기를 뜻한다. 이 시기는 끊임없는 전란으로 인해 사회가 극도로 혼란스러웠던 시기이다. 시인들은 전란으로 인해 비참해진 현실을 목격했고 또 스스로 체험하기도 했다. 그들은 한대(漢代)의 악부나 민가의 전통을 계승하여 작품 속에 혼란한 사회상과 비참한 백성들의 생활을 반영하였다. 이에 따라 비분강개하며 격앙된 정서가 작품 속에 두드러지게 나타나게 되었다. 이것이 이른바 '건안풍골(建安風骨)'이다. 이 시기에 또 하나 주목할 것은 오언시가 정착되어 대표적인 문학 형태로 자리잡았다는 점이다. 주요한 작가로는 조조(曹操), 조비(曹丕), 조식(曹植) 삼부자와 건안칠자(建安七子)로 일컬어지는 공융(孔融), 왕찬(王粲), 유정(劉楨), 진림(陳琳), 완우(阮瑀), 서간(徐幹), 응창(應瑒) 등이 있다.

(2) 정시 시기의 시

정시는 위(魏) 폐제(廢帝) 조방(曹芳)의 연호이며, 문학사상으로는 위의 국권이 사마씨(司馬氏)에게 있던 위나라 후반기를 뜻한다. 이 시기에는 정국이 불안하여 지식인들은 자신의 앞날은 물론 생사조차 점칠 수가 없었다. 이에 문인들은 현실을 도피하여 노장사상(老莊思想) 같은 현학(玄學)에 몰두하였다. 이른바 죽림칠현(竹林七賢)이라든가 청담(淸談)의 기풍은 이러한 시대를 배경으로 나온 것이다. 이 시기를 대표하는 시인은 완적(阮籍, 210~263)이다. 그의 작품으로는 「영회시(詠懷詩)」 82수가 있는데, 대부분이 그의 심중의 불만, 울분, 현실 부정의 반항정신, 그리고 그의 괴벽스러운 사상을 은유와 상징적인 수법으로 표현하고 있다.

(3) 서진 시기의 시

사마담(司馬淡)이 서진을 세우고 천하를 통일하자 세상은 잠시 안정된 시기를 맞이 하였다. 따라서 당시의 수도인 낙양을 중심으로 태강(太康, 280~289), 원강(元康, 291~299) 연간에는 다시 문학 활동이 활발해지면서 많은 시인들이 배출되었다. 그러나 이 시기의 시는 귀족과 그들을 둘러싼 문인들의 전유물이 되어 차츰 귀족 취향으로 변해 버렸다. 즉 형식주의, 수사주의의 경향을 띠어 화려한 시어와 교묘한 대우나 진고에 힘을 기울였고, 시작(詩作)의 목적도 증답(贈答)이나 응수(應酬)를 위한 것이었으며, 모의의 풍조가 유행하였다. 이로 인해 건안 시인의 시작(詩作)정신은 쇠퇴해져 시의 생명력이 크게 손상되었다. 이 시기의 대표적인 시인으로는 이른바 삼장(三張), 이륙(二陸), 양반(兩潘), 일좌(一左)라고 일컬어지는 장화(張華) · 장재(張載) · 장협(張協) 형제와 육기(陸機) · 육운(陸雲) 형제, 반악(潘岳)과 그의 조카 반니(潘尼) 그리고 좌사(左思)가 있다. 이들 시인 중에서 좌사는 형식주의적이고 수사주의에 빠져 있는 다른 시인들과는 달리 자신의 이상과 포부, 사회적인 모순과 정치적 불평 등을 작품에 담아냄으로써 새로운 풍격을 이루고 있다.

05

일곱 걸음(칠보시 七步詩)

조식(曹植)

조식(曹植, 192~232)

자가 자건(子建)으로, 건안시기의 가장 뛰어난 시인으로 평한다. 진왕(陳王)으로 책봉 받았고, 시호(諡號)가 사(思)이기 때문에 그를 진사왕(陳思王)이라고도 한다. 조조(曹操)의 셋째 아들이며, 위(魏) 문제(文帝) 조비(曹丕)의 친동생이다. 어릴 때는 아버지인 조조의 총애를 받아 태자로 옹립되었으나, 아버지가 죽자 형인 조비에게 왕위를 빼앗기고 폄적(貶謫)된다. 여러 차례 고장을 옮겨 다니며 고생하다가 41세의 나이로 불우한 생을 마감한 그는 아버지 조조가 죽은 건안(建安) 25년을 경계로 작품경향이 뚜렷이 구분된다. 전기는 매사에 열정적이고 원대한 포부를 지닌 시가 많고, 후기에는 박해와 억울함으로 인해 원망과 비분강개하는 내용의 시가 많다. 대표적인 것은 후기의 작품이다.

七步詩 칠보시

煮豆燃豆萁,　　자두연두기,
豆在釜中泣。　　주재부중읍.
本是同根生,　　본시동근생,
相煎何太急？　　상전하태급?

일곱 걸음

콩을 삶느라 콩대를 태우니,

콩은 솥 안에서 운다.

본래 같은 뿌리에서 자랐거늘,

어찌 이다지 급하게 지지는지요?

七步诗 Qībùshī

煮豆燃豆萁, Zhǔ dòu rán dòuqí,
豆在釜中泣。Dòu zài fǔ zhōng qì.
本是同根生, Běn shì tóng gēn shēng,
相煎何太急? Xiāng jiān hé tài jí?

자구풀이

1. 煮(자, zhǔ) : 삶다. (삶을 - 자)
2. 燃(연, rán) : 타다. 태우다. (사를 - 연)
3. 萁(기, qí) : 콩깍지. 콩대. (콩깍지 - 기)
4. 泣(읍, qì) : 울다. 울음. (울 - 읍)
5. 煎(전, jiān) : 지지다. (달일 - 전)

감상

이 시는 위 문제인 조비가 동생 조식을 몰아세우면서 일곱 걸음 걸을 동안에 시를 지어내지 못하면 법에 의해 처단하겠다고 하여 지어낸 시라고 알려져 있다. 그러나 이 시가 과연 조식의 작품인지는 의심을 제기하는 사람이 많다. 이 시에 얽힌 에피소우드는 유의경(劉義慶, 403~444)의 『세설신어(世說新語)』에 처음 나온다. 거기에는 본디 여섯 구절로 되어 있다. "煮豆持作羹, 漉豉以爲汁. 萁在釜下燃, 豆在釜中泣. 本是同根生, 相煎何太急.(콩을 삶아 국을 끓이는데, 된장을 걸러서 국물을 부었다. 콩대는 솥 밑에서 타고, 콩알은 솥 안에서 운다. 본래 같은 뿌리에서 자라났거늘, 어찌 이다지 급하게 지지는가요)" 그런데 소설 『삼국지』 등에 의해서 세상에 전해지는 것은 위의 네 구절이다. 여기서 콩은 자신을, 콩대는 형 조비를 비유하여 자신의 처지를 읊었다.

남북조시 南北朝詩

남북조(南北朝) 시 개설

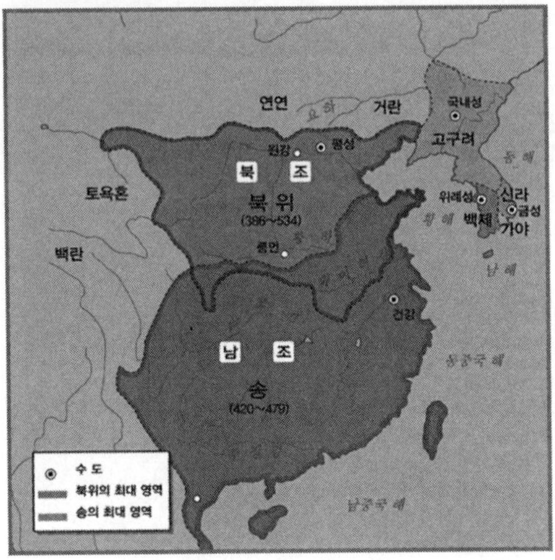

위진 시기를 이은 남북조시기는 거듭된 왕조의 교체로 정치적 · 사회적으로 극심한 혼란을 겪었던 시기이다. 서진의 일부 지배층이 강남으로 쫓겨 와서 동진(東晋, 317~420)을 세우게 된다. 이로써 강남에서는 동진으로부터 시작되어 송(宋, 420~479), 제(齊, 479~502), 양(梁, 503~557), 진(陳, 557~589)의 순서로 왕조의 교체가 계속되었는데, 이 시기의 왕조를 통틀어 남조(南朝)라고 칭한다.

강남에서 남조의 정권이 빈번하게 교체되고 있는 동안 북방에서도 빈번한 왕조의 교체가 있었다. 서진이 멸망한 뒤로 오호십육국(五胡十六國)의 시기가 약 130년간 지속되다가 북위(北魏, 386~534)에 의해 잠시 통일 국면을 맞이한다. 그러나 북위는 동위(東魏, 534~550)와 서위(西魏, 535~557)로 분열되고, 다시 동위는 북제(北齊, 550~557)로, 서위는 북주(北周, 557~581)로 바뀌게 된다. 그 뒤 북주가 북제를 병탄했으나 다시 수(隋, 589~619)에게 멸망당하고 만다. 북방에서 흥망을 계속했던 왕조를 통틀어 북조(北朝)라고 칭한다.

위나라의 건국으로부터 수의 천하통일에 이르기까지 채 400년도 안 되는 기간에 남과 북에서 이처럼 왕조가 빈번하게 교체됨에 따라 당시 사회는 극도로 혼란스러웠다.

이러한 시대상은 당시의 지식인들에게 큰 영향을 끼쳤다. 이들은 극도로 혼란한 정치세계에 대한 불안과 환멸로 인해 자연을 애호하거나 개인적인 취미에 몰두했으며 초월적인 세계를 동경하였다. 그들의 사상은 낭만적이고 염세주의적인 면을 띠게 되었으며 초월적인 것에 경도되었다. 이에 사상계는 한대(漢代)에 극성했던 유학이 퇴조하고 노장사상과 불학(佛學)이 지배하게 되었다.

남북조의 시는 동진시기(東晋時期), 원가시기(元嘉時期), 제양진(齊梁陳)시기로 나누어지는데, 시기별로 시풍의 차이를 보인다.

(1) 동진 시기의 시

서진은 서북방 이민족의 침입으로 멸망하고 서진의 일부 지배층은 강남으로 내려와 동진을 세웠다. 이 시기의 지식 계층들은 서진의 혼란 시기였던 회제(懷帝) 영가(永嘉, 307~312)년간 이래로 극성한 황노사상(黃老思想)과 청담을 여전히 숭상하였다. 그리고 시인들은 그러한 시대 풍조로 인해 노장의 철리를 논하는 관념적인 현언시(玄言詩)를 즐겨 썼다. 이러한 현언시의 대표적인 시인으로 동진 초기에 활약한 유곤(劉琨)과 곽박(郭璞)이 있다.

동진 후기에 이러한 당시 분위기와는 달리 자연생활의 즐거움과 자신의 사상을 즐겨 써서 중국 시의 발전을 한 단계 크게 끌어올린 위대한 시인이 나타났다. 그가 바로 도잠(陶潛)이다. 도잠은 도연명(陶淵明)으로 더 이름이 알려졌으며, 동진 시기뿐만 아니라 전 시대를 통틀어 최고의 전원시인으로 평가를 받는 인물이다. 그의 시풍은 대체적으로 평담하고 자연스럽다는 평을 받지만 평담한 가운데 웅건함이 있고, 자연스러운 가운데 정치(精緻)함이 있다.

(2) 원가 시기의 시

원가(元嘉, 424~453)는 송(宋) 문제(文帝)의 연호이며, 문학사상으로는 송대의 시기를 뜻한다. 이 시기의 문학조류의 특징적인 현상은 노장사상의 현언시(玄言詩)가 퇴조하고, 산수문학(山水文學)이 흥기한 점이다. 이 시기의 대표적인 시인으로는 사령운(謝靈運)과 포조(鮑照)를 들 수 있다. 사령운은 산수시를 본격적으로 개척했다는 점에서 문학사적 의의를 가진다. 그러나 그의 산수시는 지나치게 조탁을 했고, 수식이 번잡하여 내용이 손상된 흠이 있다. 포조는 씩씩하고 굳센 필치로 호방한 정서를 그렸으며, 그의 시는 청신하고 준일하다는 평을 받는다. 특히 고악부체(古樂府體)를 빌려서 쓴 시가 뛰어나다.

(3) 제양진 시기의 시

동진(東晋) 이후 남조(南朝)는 강남의 풍부한 경제력을 바탕으로 하여 건강(建康)을 중심으로 향락적인 귀족사회를 형성하였다. 문학도 귀족문학의 오락물 내지는 교양으로 간주되었고, 시는 내용보다 표현기교, 성률에 치중하여 창작되었다. 당시 심약(沈約)에 의해서 제창된 사성팔병설(四聲八病說)은 시의 성률에 대한 관심을 반영하였으며, 서릉(徐陵) 등에 의해서 유행된 궁체시(宮體詩)는 부미(浮靡)한 당시(當時)의 시풍을 말해 주고 있다. 이 시기에 활약했던 시인들 중에서 가장 뛰어났던 이는 사조(謝朓)와 유신(庾信)이다. 사조는 사령운의 산수시를 계승·발전시켰다. 그의 시는 정경(情景)의 묘사가 세련되고 청신하며, 음률도 조화를 이루고 있다. 유신은 초기에는 화려한 시를 잘 지었으나 북조(北朝)에 사신으로 가서 억류된 뒤로는 북조 문학의 영향을 받아 독특한 풍격의 시를 지었다. 그의 작품은 당시의 다른 작가에 비해서 자신의 감정이 핍진하게 표현되어 있고, 시풍도 강개한 맛이 있다.

06

술을 마시며(음주 飮酒, 其五)

도연명(陶淵明)

도연명(陶淵明, 365~427)

자가 원량(元亮)이고 이름은 잠(潛), 도잠이라고도 부른다. 위진남북조시대의 동진(東晋)말 사람으로, 집안이 몰락하여 어려서 가난하게 자랐고, 장성한 후 어머니를 봉양하기 위하여 관리생활을 몇 차례 했으나, 41세 때 그 유명한 「귀거래사(歸去來辭)」를 남기고 마지막 관직인 팽택현령(彭澤縣令)을 사임했다. 그 후 귀향하여 농사를 지으면서 술과 시를 즐겼으며, 이때 쓴 전원시가 그의 대표작이다. 그의 자연 시에는 초연히 자연 속에서 진실을 추구하며 살아가는 모습이 담겨있다. 전원의 일상생활을 소박한 언어로 담담하게 그려 '자연스럽고 평담한(平淡自然)' 시풍을 가졌다고 평한다.

飮酒(其五) 음주

結廬在人境,	결려재인경,
而無車馬喧。	이무거마훤,
問君何能爾,	문군하능이,
心遠地自偏。	심원지자편.
采菊東籬下,	채국동리하,
悠然見南山。	유연견남산.
山氣日夕佳,	산기일석가,
飛鳥相與還。	비조상여환.
此中有眞意,	차중유진의,
欲辨已忘言。	욕변이망언.

술을 마시며

오두막집 짓고 사람들 속에 살아도,
말과 수레소리 시끄럽지 않네.
어찌 그럴 수 있냐고 묻는데,
마음이 속세와 멀어지면 저절로 그렇게 되네.
동쪽 울타리 밑에서 국화를 따다가,
한가로이 남산을 바라보네.
산 기운 해질 녘 되니 아름답고,
날던 새들은 짝지어 돌아오네.
이 속에 참된 뜻 있어,
설명하려니 이미 말을 잊었네.

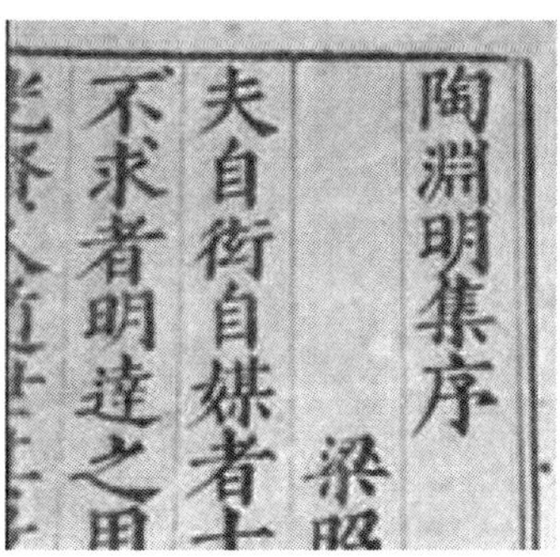
陶淵明集序
夫自衒自媒者
不求者明達之

饮酒 Yĭnjĭu

结庐在人境,	Jié lú zài rénjìng,
而无车马喧。	Er wú chēmǎ xuān.
问君何能尔,	Wèn jūn hé néng ěr,
心远地自偏。	Xīn yuǎn dì zì piān.
采菊东篱下,	Cǎi jú dōnglíxià,
悠然见南山。	Yōurán jiàn nánshān.
山气日夕佳,	Shānqì rìxī jiā,
飞鸟相与还。	Fēiniǎo xiāngyǔ huán.
此中有真意,	Cǐzhōng yǒu zhēnyì,
欲辨已忘言。	Yù biàn yǐ wàng yán.

자구풀이

1. 結廬(결려, Jiélú) : 오두막을 엮다. (맺을-결) (오두막 집-려)
2. 人境(인경, rénjìng) : 인간세상. 사람들이 사는 곳. (지경-경)
3. 車馬喧(거마훤, chēmǎ xuān) : 수레소리가 시끄럽다. 세속의 번잡한 인간관계를 의미. (지껄일-훤)
4. 君(군, jūn) : 그대. 여기서는 자신에게 묻는 것임. (임금-군)
5, 爾(이, ěr) : 그러하다. (너-이)
6. 心遠地自偏(심원지자편, xīn yuǎn dì zì piān) : 마음이 멀어지니 땅도 저절로 편벽된다. 즉 속세에 살고 있어도 마음이 이미 속세를 떠나 버렸기 때문에, 사는 곳도 역시 현실로 부터 멀어진 것과 같다는 뜻. (치우칠-편)
7. 采菊(채국, cǎijú) : 국화를 따다. (캘-채) (국화-국)
8. 東籬(동리, dōnglí) : 동쪽 울타리. (동녘-동) (울타리-리)
9. 眞意(진의, zhēnyì) : 진정한 뜻. 참된 즐거움. 자연생활을 통해 얻는 삶의 즐거움. (참-진) (뜻-의)
10. 忘言(망언, wàngyán) : 할 말을 잊다. (허망할-망)

감상

도연명의 「음주」시는 모두 20수로 되어 있다. 이 시들은 동일한 장소나 시기에 지어진 것이 아니라, 단지 술에 취한 후 문득 몇 구씩 적어 스스로 즐겼기 때문에 서로 연관성이 없는 단편 시들로 이루어졌다. 그중 이 시가 가장 유명하다.

은퇴하고 고향으로 돌아온 후 세속을 떠나 안빈낙도하며 자신의 유연자득한 심정을 읊고 있다. 그는 사람들 가운데 살면서도 마음이 세속을 초탈했기 때문에 편안함을 느끼며 즐겁게 생활하는 것이다.

이 시의 가장 유명한 구절은 '채국동리하, 유연견남산(采菊東籬下, 悠然見南山)' 구이다. '동쪽 울타리 밑에서 국화를 따다가, 한가로이 남산을 바라본다'는 말은, 일체에 대해 무관심한 시인의 마음상태를 절묘하게 표현한 것이다. 이 구절의 관건은 "따다(采)"와 "보다(見)"에 있다. 시인은 한가롭게 동쪽 울타리로 가서 마음 내키는 대로 국화를 따다가 머리를 드니 멀리에 남산이 보인다. 특이한 점은 여기서 '보다'의 의미로 '간(看)'이나 '망(望)'자를 쓰지 않고 '견(見)'자를 썼다는 것이다. '간(看)'이나 '망(望)'은 목적을 가지고 쳐다보는 것이고, '견(見)'은 무의식적으로 흥에 끌려 보는 자연스러운 행동이다. 그러므로 그가 여기에서 '견(見)'을 쓴 것은 능동적으로 남산을 본 것이 아니라, 고개를 드니 남산이 자연스럽게 그의 시야 속으로 들어왔다는 말이다. 이는 작자의 무아지경 상태를 표현한 말로, 한가롭고 초탈한 마음을 가진 도연명의 특색을 잘 드러낸 천하의 명구로 인구에 회자되는 구절이다.

이어서 산 기운은 해 저물 무렵이 되니 더욱 아름답고, 새들도 짝을 지어 돌아온다고 읊었다. 아침이 되면 새가 둥지를 떠났다가 저녁이 되면 다시 둥지로 돌아오는 이치는 자연의 보편적인 진리이다. 이는 속세의 인간이 인위적으로 어기거나 바꿀 수 없는 도가에서 말하는 "진의(眞意)"의 세계이다.

감상

그는 이런 경치를 바라보다가 문득 한 가지 깨달음을 얻었는데, 이를 설명하려 하지만 어떤 말로 표현해야 할지 잊어버렸다는 말이다. 『장자(莊子)』「외물편(外物篇)」에 나오는 '言者所以在意也, 得意而忘言(말이란 뜻을 전달하는데 있기 때문에, 뜻을 얻으면 할 말을 잊는 법이다)' 라는 전고를 사용한 것이다. 도연명 자신은 속세와 인연을 끊고 살면서 참다운 삶의 의미를 깨달았지만, 그 깨달음을 설명할 길이 없다는 표현이다. 원래 깨달음이란 이성적인 분석이나 사고로 풀 수 있는 것이 아니며, 어떤 언어로도 형용할 길이 없는 것이다. 깨달음은 깨달은 자만이 알 수 있다. 그러니까 깨달음이란 결국 내심 깊숙한 곳에 자리 잡은 혼자만의 향유 대상일 뿐이라는 말이 된다.

07

자야의 노래(자야가 子夜歌)

남조민가(南朝民歌)

남조 악부민가

남조 악부민가는 동진(東晋), 송(宋), 제(齊)나라 시대의 민가이다. 남조시기에도 여전히 악부 관청이 설치되어 있어서 민가를 수집하고 정리하여 음악에 맞추어 노래로 불려졌다. 그러나 조정의 향락을 위한 기구역할이 주요 업무였으므로 남조의 악부민가는 대부분 남녀의 사랑을 노래하여 심지어는 색정적인 색채도 섞여 있고 남녀 간 이별의 슬픔의 주제를 다루고 있다. 남조의 악부민가는 480여수가 전해지며 대부분 『악부시집(樂府詩集)』「청상곡사(淸商曲辭)」에 수록되어 있다. 청상곡은 신현가(神弦歌), 오성가곡(吳聲歌曲), 서곡가(西曲歌) 세 부분으로 나뉜다. 신현가는 종교적인 제사의 노래이며 그 수가 극히 적다. 오성가곡은 지금의 남경인 건강(建康)을 중심으로 하는 강남지역의 민가이다. 서곡가는 양자강 중류와 한수(漢水) 유역의 민가다. 형식상 5언 4구로 쌍관어(雙關語)와 비유법을 다용하였으며 생생한 생활의 언어를 사용하여 참신하고 아름다운 풍격을 지니어 후세 시가 발전에 예술기교나 내용면에 커다란 영향을 끼쳤다.

子夜歌 자야가

始欲識郎時,	시욕식랑시,
兩心望如一	양심망여일
理絲入殘機,	리사입잔기,
何悟不成匹	하오불성필

자야의 노래

처음 그대와 사귈 때,
두 마음 하나 되길 바랐는데
실을 골라 짜다 그만 둔 베틀에 올랐지만,
한 필도 못 짤 줄 어찌 알았으리.

子夜歌 Zìyègē

始欲识郎时, Shǐ yù shí láng shí,
两心望如一. Liǎngxīn wàng rú yī
理丝入残机, Lǐ sī rù cánjī,
何悟不成匹. Hé wù bù chéng pǐ

자구풀이

1. 子夜歌(자야가) : 진(晉)나라의 子夜라는 여인이 처음 만든 곡조로 그 소리가 애달프다고 함. (아들－자) (밤－야) (노래－가)
2. 始(시) : 처음으로. (비로소－시)
3. 郎(랑) : 옛날, 젊은 남자에 대한 호칭. 여자가 애인이나 남편에 대한 호칭. (사내－랑)
4. 絲(사) : 실. 이 글자는 '思'자와 음이 같아 '님 생각' '사랑'을 뜻도 함께 지니고 있다. 이러 한 것을 쌍관어(雙關語)라고 한다. (실－사)
5. 殘機(잔기) : 옷을 짜다 그만 둔 베틀. (남을－잔) (틀－기)
6. 匹(필) : 옷감의 길이를 나타내는 단위 '필'. 여기서는 배필(配匹)의 뜻도 함께 암시한다. (짝－필)

감상

남조의 악부시로, 현존하는 「자야가」는 모두 42수이다. 당시 시인들이 그 체제를 모방하여 지었는데 대부분 남녀의 사랑을 노래했다.

이 시는 악부민가의 특징 중 하나인 쌍관어를 사용한 것이 재미있다. 쌍관어는 글자는 다르나 음이 같은 이자해음(異字諧音)과 글자는 다르나 뜻이 서로 같은 동자별의(同字別義) 두 종류가 있다. 여기서는 이자해음에 속한다.

08

칙륵의 노래(칙륵가 敕勒歌)

북조민가(北朝民歌)

북조민가

북조의 악부민가는 『악부시집』「횡취곡사(橫吹曲辭)」에 수록되어 있다. 그 가사는 주로 동진(東晋) 이후 북방의 선비(鮮卑) · 저(氐) · 강족(羌族) 등의 창작으로 다수가 선비어로 불렸다. 북위 태무제(太武帝) 이후로 북방의 한족과 비한족이 문화상 융합을 이루어 이러한 비한족의 민가가 전해져 왔다.

북방민가는 현재 60여수가 전하는데 애정시를 제외하고는 전쟁과 방목에 관한 민가들이다. 현실성이 강하고 북방의 광활한 경관을 묘사하면서 용감하고 솔직하면서 낙관적인 정신면모를 보여준다. 강건한 억양과 거친 표현이 남조의 민가와는 구별된다.

敕勒歌 칙륵가

敕勒川,	칙륵천,
陰山下。	음산하.
天似穹廬,	천사궁려,
籠蓋四野。	농개사야.
天蒼蒼	천창창,
野茫茫,	야망망,
風吹草低見牛羊。	풍취초저현우양.

칙륵의 노래

칙륵의 냇가,
음산 아래 흐르네.
하늘은 둥근 천막 같이,
사방 들판 뒤덮고 있네.
하늘은 새파랗고,
초원은 드넓구나,
바람이 불어 풀 누우니 소떼 양떼 보인다.

敕勒歌 Chīlègē

敕勒川, Chìlè chuān,
阴山下。 Yīnshān xià.
天似穹庐, Tiān sì qiónglú,
笼盖四野。 Lǒnggài sì yǎ.
天苍苍, Tiān cāngcāng,
野茫茫, Yě mángmáng,
风吹草低见牛羊。 Fēng chuī cǎo dī xiàn niúyáng.

자구풀이

1. 勅勒(칙륵, chìlè) : 칙륵은 남북조시기 산서성(山西省) 북부 일대에 살던 선비족(鮮卑族). 유목생활을 함. (조서－칙) (굴레－륵)
2. 勅勒川(칙륵천, chìlèchuān) : 칙륵족이 거주하던 평원지역. 산서성 북부와 감숙(甘肅), 내 몽고(內蒙古)일대를 가리킴.
3. 陰山(음산, Yīnshān) : 음산산맥. 대부분 내몽고 자치구역 안에 있음. 길이는 약1200킬로.
4. 穹廬(궁려, qiónglú) : '파오'라고 불리는 몽고족(유목민족)이 거주하는 원형 텐트. (하늘－궁) (오두막집－려)
5. 四野(사야, sìyǎ) : 사방의 초원. '야(野)'는 여기에서 yǎ로 읽어야 함.
6. 見(현, xiàn) : '현(現)'과 같은 '나타나다, 노출되다'의 뜻으로 쓰였음. 음은 'xiàn'으로 읽어야 함. (보일－현)

감상

이 시는 본래 선비(鮮卑)족의 말로 표현된 민가였는데 후에 중국어로 번역되는 과정에서 구의 장단이 일정하지 않게 됐다. 하지만 박자가 맞고 음조가 고운데다 음률이 아름다워 낭송하기 좋다. 아득한 초원의 숨결이 느껴지는 칙륵천 초원에 대한 찬가라고 할 수 있다.

당시 북방 유목민족의 생활과 자연환경이 진하고 소박하게 잘 묘사돼 있어, 눈앞에 한 폭의 아름다운 자연 풍경화가 펼쳐진 듯하다. 칙륵의 초원이 드높은 음산의 보호를 받으며 웅장한 모습을 드러내고 있는 풍경화. 푸른 하늘은 끝없이 이어지고, 높고 화창한 하늘 아래는 드넓은 초원이 펼쳐지며, 그 위로는 소떼와 양떼가 통통하게 살이 올라 있다.

이 민가를 읽으면 자연스럽게 북조 민가 특유의 명랑하고 호방한 풍격을 맛볼 수 있다. 일에 대한 열정, 고향에 대한 사랑, 생활에서 우러나온 거칠고 소박함이 글자와 글자 사이, 행과 행 사이에 자연스럽게 함축돼 있어, 북방 유목민족의 호쾌한 성격과 심리가 드러난다.

초당시 初唐詩

촉주로 부임하는 두소부를 전송하며
(송두소부지임촉주 送杜少府之任蜀州)

고향으로 돌아와 우연히쓰다 (회향우서 回鄕偶書)

당시(唐詩) 개설

당(618~910년)은 중국이 다시 한 번 통일을 이룩한 대제국이었다. 한나라가 멸망된 뒤 400여 년간 위진 남북조의 분열과 혼란은 수(隋) 문제(文帝)에 의해 통일되었으나 수는 양제(煬帝)의 실정으로 30년도 존속하지 못하고 다시 당(唐)에 의해 멸망당했다. 중국을 통일한 당 왕조는 체재를 정비하고 민생안정을 위한 정책을 성공적으로 수행하여 정치적인 안정을 이룩하게 된다. 특히 태종(太宗) 정관(貞觀) 연간(627~649)에서 현종(玄宗) 개원(開元) 연간(713~741)에는 경제력이 비약적으로 발전하고 문물제도가 완비되었다. 거기에다 문종(文宗), 고종(高宗), 측천무후(則天武后), 현종(玄宗) 등이 문학을 애호하고 과거(科擧)에 시부(詩賦)로 취사(取士)함으로써 문학 발전의 일대 전기가 마련되었다. 그러나 천보(天寶) 연간(742~755)부터 드러나기 시작한 정치적인 혼란은 결국 안사(安史)의 난을 초래하고 이후 당제국은 쇠망의 길을 걷게 된다.

당 문학은 한 이래의 문학이 점차 변화 발전하여 정점에 달했던 시기이며, 그 중 시는 가장 활발하게 꽃피운 장르라고 하겠다. 전통적으로 문학 장르를 말할 때 한문(漢文), 당시(唐詩), 송사(宋詞), 원곡(元曲), 명청소설(明淸小說)이라고 한다. 이는 당의 문학을 대표하는 장르가 바로 시라는 의미임을 알 수 있다. 당대(唐代)에는 시의 양적인 성장도 놀랄 만하다. 당시를 수록하고 있는 『전당시(全唐詩)』에 보면 시인의 수가 2,200여 명이고, 수록된 시가 4만 8,900여 수나 된다. 이는 당 이전의 시를 모두 합한 것보다도 많은 양이므로 당대에 시가 얼마나 급격히 발전했는지 짐작할 수 있는 것이다

당시의 발전양상을 살펴볼 때 편의상 초당(初唐), 성당(盛唐), 중당(中唐), 만당(晩唐)으로 나누고 있다. 초당은 무덕(武德)에서 개원(開元) 초기(618~713)에 이르기까지에 해당되며, 성당은 개원(開元) 초기에서 대력(大歷, 713~766)에 이르기까지에 해당된다. 중당은 대력(大歷)에서 대

화(大和) 말(766~835)에 이르기까지에 해당되며, 만당은 개성(開成)에서 오대(五代, 836~907)에 이르기까지에 해당된다. 이러한 시기 구분은 당시(唐詩)의 성쇠를 살피는 점에서 아주 편리하다. 물론 시의 변천을 몇 년에서 몇 년까지로 선을 긋는 것에 문제가 없는 것은 아니지만 대략적으로 구분해 본다는 뜻으로 이해하면 될 것이다. 다만 문학의 풍격에서 볼 때 안사의 난을 기점으로 하여 전기는 육조 문학을 계승 발전시킨 시대이며, 후기는 송으로 점차 연결되어가는 시대라는 점을 주의할 필요가 있겠다.

초당시기의 시

초당의 전기(前期)는 남조에서부터 활약하던 궁정문인(宮廷文人)들이 계속 문단을 지배하여 귀족적이고 화려한 유미주의적 경향이 주류를 이루었다. 궁정문인들은 시를 지어 공덕을 찬양하고 황제와 더불어 화창하였으며, 수사에 공을 들인 귀족적이고 부화(浮華)한 시를 썼다. 궁정시인으로는 상관의(上官儀), 송지문(宋之問), 심전기(沈佺期) 등이 있고, 문장사우(文章四友)라고 불리는 이교(李嶠), 최융(崔融), 소미도(蘇味道), 두심언(杜審言) 등도 이 계열에 속한다. 이들의 시는 내용이 공허하여 특별한 작품은 없지만 이들에 의해 칠언율시(七言律詩)가 창작되고 율시의 시율이 정비된 점은 중국 시사에서 높이 평가된다.

한편 이러한 궁정시풍을 반대하고 새로운 시풍을 전개하려는 혁신적인 기운이 당시 신진사대부를 중심으로 일어났다. 소위 초당사걸(初唐四傑)이라고 불리는 왕발(王勃), 양형(楊炯), 노조린(盧照隣), 낙빈왕(駱賓王) 등이며 그 중 왕발이 가장 특출했다. 이 혁신의 기운은 뒤이어 진자앙(陳子昂)에 의해 본격적인 운동으로 제창되었다. 그는 「감우시(感遇詩)」 38수에 자기의 이론을 표출하고, 복고(復古)를 주장하여 유미주의적인 부염한 시풍을 개혁하려 하였다.

이 외에도 질박한 시풍의 시를 썼던 왕적(王績), 진자앙의 영향을 받은 장구령(張九齡), 오중사사(吳中四士)의 한 사람인 하지장(賀知章) 등이 있다.

09

촉주로 부임하는 두소부를 전송하며(송두소부지임촉주 送杜少府之任蜀州)

왕발(王勃)

王勃(왕발)

왕발(650~676)은 자가 자안(子安)이고 강주(絳州) 용문(龍門, 山西省 稷山縣) 사람이다. 어려서부터 문재(文才)가 있어 천재 소리를 들었다. 고종(高宗)의 여섯째 아들인 패왕(沛王) 현(賢)의 수찬(修撰)을 지내다가 고종의 노여움으로 해직되어 수년간 사천 지방을 유랑하였다. 28세 때 교지령(交趾令)으로 있는 부친을 만나러 가다가 익사하였다. 그의 작품에는 정치적인 좌절로 인한 불평을 토로한 작품이 많고, 시형은 오언율시(五言律詩)와 오언절구(五言絶句)가 많다. 양형(楊炯), 노조린(盧照隣), 낙빈왕(駱賓王)과 함께 초당사걸(初唐四傑)이라 부른다.

送杜少府之任蜀州

송두소부지임촉주

城闕輔三秦, 성궐보삼진,
風烟望五津。 풍연망오진.
與君離別意, 여군이별의,
同是宦遊人。 동시환유인.
海內存知己, 해내존지기,
天涯若比隣。 천애약비린.
無爲在岐路, 무위재기로,
兒女共霑巾。 아녀공점건.

촉주로 부임하는 두소부를 전송하며

삼진(三秦)이 둘러싸고 있는 장안 성궐에서
바람과 안개 그윽한 오진(五津)을 바라본다.
그대와 이별하는 이 마음
우린 다 같이 벼슬살이로 떠도는 사람이지.
천하에 지기(知己)만 있다면야
하늘 끝에 있어도 이웃과 같으리니.
헤어지는 갈림길에서
아녀자같이 눈물로 수건을 적시지 마세.

送杜少府之任蜀州

Sòng Dù shào fǔ zhī rèn Shǔ zhōu

城阙辅三秦,	Chéngquè fǔ SānQín,
风烟望五津。	Fēngyān wàng wǔjīn
与君离别意,	Yǔ jūn lí bié yì,
同是宦游人。	Tóng shì huàn yóu rén
海内存知己,	Hǎinèi cún zhījǐ,
天涯若比邻。	Jiānyá ruò bǐlín
无为在岐路,	Wú wéi zài qílù,
儿女共沾巾。	Ér nǚ gòng zhān jīn

자구풀이

1. 杜少府(두소부) : 미상. ‘少府’는 현위(縣尉)의 별칭. (팥배나무－두) (적을－소) (곳집－부)
2. 城闕輔三秦(성궐보삼진) : 장안의 성궐이 삼진(三秦)에 의해 보좌되다. 삼진은 지금의 섬서성 일대. 원래는 진나라 땅이었는데, 항우(項羽)가 진(秦)을 멸망시킨 후 그 지역을 옹(雍)·새 (塞)·적(翟) 삼국으로 나누고 삼진(三秦)이라 불렀다. (성－성) (대궐－궐) (도울－보) (석－삼) (나라이름－진)
3. 五津(오진) : 사천성 민강(岷江)에는 백화진(白華津), 만리진(萬里津), 강수진(江首津) 등 다섯 개의 진이 있는데, 이를 합칭하여 오진(五津)이라 한다. (다섯－오) (나루－진)
4. 宦遊人(환유인) : 고향을 떠나 벼슬길을 나선 사람. (벼슬－환) (놀－유)
5. 海內(해내) : 온 세상, 천하. 여기서는 중국 땅. (바다－해) (안－내)
6. 存知己(존지기) : 자기를 알아주는 사람이 있다. (있을－존) (알－지) (몸－기)
7. 天涯(천애) : 하늘 끝, 멀리 떨어져 있는 것을 비유한다. (하늘－천) (물가－애)
8. 比隣(비린) : 이웃. (견줄－비) (이웃－린)
9. 無爲(무위) : 하지 마라. ‘無’는 금지명령사. (없을－무) (할－위)
10. 岐路(기로) : 갈라지는 길. (길－기) (길－로)
11. 霑巾(점건) : 수건을 적시다. (젖을－점) (수건－건)

감상

이 시는 송별시이다. 첫째 연은 송별시답게 이별하는 장소와 떠나는 자의 목적지가 나와 있다. 궁정풍의 송별시에서는 수련(首聯)에 헤어지는 장소에 대한 묘사를 하게 되는데, 이 시에서도 '삼진(三秦)'은 장안 일대이고, '오진(五津)'은 사천성(蜀州) 민강 일대에 있는 다섯 개의 유명한 나루터로, 장안에서 사천지역으로 가는 벗 두소부(杜少府)를 전송하고 있음을 알려 주고 있다. 사천성은 제목에 나온 촉주(蜀州)이고 바로 떠나는 자의 목적지인 것이다. '삼진(三秦)'과 '오진(五津)'은 홀수와 장소를 사용하여 정교한 대구(對句)를 이루고 있다.

둘째 연에서는 이별의 원인을 밝히고 있다. 벗이 지방을 떠도는 관리이기 때문에 촉주지방으로 발령을 받았기에 헤어지는 것으로, 언젠가는 자신도 같은 처지가 될 수 있다고 위로하고 있다.

셋째 연은 천하에 애송되는 명구이다. 조식의 〈증백마왕표(贈白馬王彪)〉에 "대장부는 온 세상에 뜻을 두고, 만 리 떨어져도 이웃해 있는 것 같다네. 사랑의 정은 진실로 영원하리니, 멀리 있다고 하여도 정분은 날로 가까워지리.[丈夫志四海, 萬里猶比隣. 恩愛苟不虧, 在遠分日親]"라는 구절이 있는데, 왕발은 이를 집약시켜 "천하에 지기만 있다면야, 하늘 끝에 있어도 이웃과 같으리니."라고 표현하여, 어구가 정련되고 자연스러운 효과를 거둠으로써 천고에 칭송되는 명구가 되었다. 멀리 떨어져 있다 하더라도 마음만 통한다면 천리 길도 이웃처럼 가깝게 느껴진다며 이별의 슬픔을 달래고 있다. 사실 마음이 단절되면 지척도 천리요, 마음이 통하면 천리도 지척인 법이다.

마지막 연에서는 갈림길에서 헤어짐이 아쉽다는 뜻을 표현했는데, 송별시에는 이처럼 마지막 연에 눈물로 수건을 적신다는 관용적인 표현이 자주 등장한다.

감상

멀리 있는 친구에게 '해내존기지, 천애약비린(海內存知己, 天涯若比隣)' 이 시구를 써 보낸다면, 몸은 비록 천리 밖에 있어도 마음은 늘 그대와 함께한다는 애틋한 정과 돈독한 믿음이 잔잔한 감동을 불러일으키지 않을까?

10

고향으로 돌아와 우연히 쓰다

(회향우서 回鄕偶書)

하지장(賀知章)

하지장(賀知章, 659~744)

자가 계진(季眞)이고, 회계(會稽, 折江省 紹興縣)사람이다. 측천무후 때 진사에 급제하고 태상박사(太常博士), 예부시랑(禮部侍郞), 집현전학사(集賢殿學士)를 거쳐 태자빈객(太子賓客), 비서감(秘書監) 등을 역임하였다. 만년에 도교에 심취하여 관직을 사임하고 고향으로 돌아갈 때 황제가 어시(御詩)를 하사하고 황태자 이하 백관들이 전송했다고 한다. 만년에 풍류와 술을 즐기며 자유분방하게 살았기 때문에 만년의 호는 사명광객(四明狂客)이다. 술을 좋아해서 두보의 시「음주팔선가(飮酒八仙歌)」에 등장하는 첫 번째 인물로 "주중팔선(酒中八仙)"의 한사람이다. 이백과 관계가 좋았고, 이백에게 "적선(謫仙)"이라는 칭호를 붙여주며 당 현종에게 추천한 당사자이기도 하다. 언변이 좋고 시, 문장, 서예에 능통했다. 후에 도사가 되어 경호(鏡湖)에 은거했다고 한다.

回鄕偶書 회향우서

少小離鄕老大回, 소소이향노대회,
鄕音無改鬢毛衰。향음무개빈모최.
兒童相見不相識, 아동상견불상식,
笑問客從何處來。소문객종하처래.

고향으로 돌아와 우연히 쓰다

젊어서 고향 떠나 늙어서야 돌아오니,
고향 사투리 그대론데 귀밑머리 다 빠졌네.
아이들이 쳐다보아도 알아보지 못하고,
"손님은 어디서 오셨나요?" 웃으면서 묻네.

回乡偶书 Huíxiāng'ǒushū

少小离乡老大回，Shàoxiǎo lí xiāng lǎodà huí,
乡音无改鬓毛衰。Xiāngyīn wú gǎi bìnmáo cuī.
儿童相见不相识，Értóng xiāngjiàn bù xiāngshí,
笑问客从何处来。Xiào wèn kè cóng héchù lái.

자구풀이

1. 回鄕(회향, huíxiāng) : 고향에 돌아온다. (돌－회) (시골－향)
2. 偶書(우서, ǒushū) : 우연히 쓰다. 생각나는 대로 쓴다. (짝－우) (쓸－서)
3. 少小(소소, shàoxiǎo) : 젊다. (적을－소) (작을－소)
4. 老大(노대, lǎodà) : 늙다.
5. 鄕音(향음, xiāngyīn) : 고향 사투리. (울림－향) (소리－음)
6. 鬢毛衰(빈모최, bìnmáocuī) : 귀밑머리가 줄다. '衰'는 '줄다. 감소하다'는 뜻으로 쓰여 '최'라고 읽는다. '催(최)'라고 쓰인데도 있다. (살쩍－빈) (털－모) (상옷－최)

감상

작자가 20여년의 관직생활을 그만두고 백발이 되어 고향에 돌아온 소감을 즉흥적으로 읊은 시이다. 아주 평이한 시어로 구성돼 있지만 정교함이 돋보인다.

첫 구절의 '젊다(少小)' 와 '늙다(老大)', '떠나다(離)'와 '돌아오다(回)'가 한 구절 안에서 정교하게 대구를 이루며, 오랫동안 고향을 떠나 있었음을 함축적으로 표현했다.

두 번째 구절은 세월이 흘러 모습은 변했지만 고향 사투리는 여전하다는 표현으로 고향에 대한 정겨움과 반가운 마음을 부각시켰다. '귀밑머리 다 빠졌다'는 늙은 자신의 자화상을 그린 것이다.

후반의 두 구절은 고향에 돌아온 자신이 나그네인 현실에 서글픈 감회를 묘사했다. 작자는 언제나 잊지 않고 그리던 고향을 찾아왔건만, 고향은 자신을 잊은 듯 모르는 사람들로 낯설기 짝이 없다. 짓궂은 아이들이 어디서 온 손님이냐고 천연스럽게 묻는 말에 말문이 꽉 막혀 웃어야 할지 슬퍼해야 할지 씁쓸함과 당혹감을 느낀다. 이제는 고향에서도 나그네 신세가 된 현실에 서글픈 감회가 느껴진다.

성당시盛唐詩

성당시기의 시

성당은 개원(開元) 초기에서 대력(大歷, 713~766)에 이르기까지에 해당된다. 성당시기 시가는 공전의 번영을 이룩하였으며 창의와 개성으로 다양한 시풍을 꽃피웠다. 초당 이래로 개원 연간까지의 태평성대는 많은 시인들에게 시작에 몰두할 수 있게 했고, 천보(天寶, 742~755) 이후 안사의 난의 쓰라린 체험은 이들에게 자각을 불러일으켜 어지러운 현실을 시로 노래하게 했다. 따라서 이 시기의 시에는 전란 전의 시대정신을 반영한 낭만적이고 낙관적인 시풍이 있는가 하면, 전란 후의 시대상을 담고 있는 현실적이고 침울한 시풍도 있다. 그리고 가행체(歌行體)를 위주로 하여 변새(邊塞)의 풍물과 생활을 노래한 남성적인 시가 쓰였는가하면, 도연명(陶淵明)이래로 잠시 단절되었던 산수 전원시도 새롭게 등장했다.

이 시기에 변방의 풍경과 생활이나 종군하는 병사들의 고통과 향수를 주제로 쓴 시를 변새시라고 하는데, 대표적인 변새시인으로는 잠삼(岑參), 고적(高適), 왕창령(王昌齡), 왕지환(王之煥), 최호(崔顥) 등을 꼽을 수 있다.

또 산수자연의 아름다움과 전원생활 속에서 느끼는 기쁨을 주제로 한 시를 산수전원시라고 하는데, 대표적인 시인으로는 왕유(王維)를 비롯하여 맹호연(孟浩然), 저광희(儲光羲), 배적(裴迪), 상건(常建) 등을 꼽을 수 있다.

당대 낭만파 시인의 제1인자로 천하에 이름을 떨친 시선 이백(李白)도 성당에서 활약했다. 그의 작품은 어느 한 방면에 국한되지 않고 비장(悲壯), 표일(飄逸), 향염(香艶), 한적(閑寂) 등 각가지 풍격이 보이고, 시의 주제 또한 다양하여 안사의 난 이전의 시풍을 집대성하고 있다고 하겠다.

사실주의적 사회시파의 개척자로 인간애를 발휘하며 민초들의 아픔을 노래한 시성 두보(杜甫)도 성당에 있었다. 그는 안사의 난으로 도탄에 빠진 백성들의 참상을 시에 반영하는 데 최대의 노력을 경주하여 그의 시를 '시사(詩史)'라고 하였으며, 이로 인해 그의 시풍도 자연 침울하고 비장하였다. 두보는 시율의 구속을 싫어했던 이백과는 달리 한 자 한 자를 심사숙고하며 시를 지었고, 엄격한 규칙을 지키면서 치밀하게 시를 구성하여 근체시의 형식을 완벽하게 구사하였다. 이 때문에 그는 율시의 완성자로 꼽히고 있다. 두보의 시는 시가 다룰 수 있는 거의 모든 대상, 모든 표현방식, 모든 심미효과들을 포괄하고 있어서 마치 중국 고전시의 집대성처럼 느껴진다.

11

관작루에 올라 (등관작루 登鸛雀樓)

왕지환(王之煥)

왕지환(王之渙, 688~742)

자는 계릉(季陵)이고, 병주(幷州, 山西省)사람이다. 젊을 때는 술과 검술을 좋아하여 호방하고 의협의 기질이 있었다. 중년이후 문학에 매진하여 날이 갈수록 명성이 올라갔다. 왕창령(王昌齡, 692~757), 고적(高適, 700~762), 최국보(崔國輔, 741전후) 등과 교우하였으며 변새시를 잘 지었다. 시정이 우아하고 율조가 아름다워 당시의 악공들이 곡을 붙여 널리 애창되었다. 『전당시(全唐詩)』에는 비록 6수의 시만 실려 있지만, 「양주사(凉州詞)」와 「관작루에 올라(登鸛雀樓)」는 천고의 절창으로 알려져 있다.

登鸛雀樓 등관작루

白日依山盡, 백일의산진,
黃河入海流。 황하입해류.
欲窮千里目, 욕궁천리목,
更上一層樓。 갱상일층루.

관작루에 올라

해는 산 너머로 지려하고,
황하는 바다로 흘러가네.
천 리 밖 먼 곳까지 더 보려고,
다시 한 층 누각을 더 올라가네.

登鹳雀楼 DēngGuànquèlóu

白日依山尽，	Báirì yī shān jìn,
黄河入海流。	Huánghé rù haĭ liú.
欲穷千里目，	Yù qióng qiānlĭ mù,
更上一层楼。	Gèng shàng yìcéng lóu.

자구풀이

1. 鸛雀樓(관작루, Guànquèlóu) : 지금의 산서성 영제현(永濟縣)에 있었던 3층 누각. 훗날 강물에 쓸려 내려갔다 함. 늘 누각 위에 황새가 둥지를 틀었다느니, 까치가 집을 지었다느니 한 데서 이런 이름이 붙었다 함. (황새－관) (참새－작) (누각－루)
2. 白日(백일, báirì) : 태양 (흰－백) (날－일)
3. 依山盡(의산진, yīshānjìn) : 산에 의지해서 지다. (의지할－의) (다할－진)
4. 欲窮千里目(욕궁천리목, yù qióng qiānlǐ mù) : '욕궁(欲窮)'은 '다하고자 한다'. '천리목' 은 '천 리를 바라보다' 여기에서 '목(目)'은 동사로 쓰여 '바라보다'의 뜻임. (하고자 할－욕) (다할－궁)
5. 更(갱, gèng) : 다시. (다시－갱)

감상

관작루에 올라가 멀리 자연을 바라 본 감회와 자신의 드높은 회포를 읊은 시이다.

자연의 모습을 비교적 담담한 필치로 묘사하고 있는 이 시에는 유익한 인생철학의 계시가 있어 불후의 명작으로 평가받고 있다.

전반부는 단지 일반적이고 단순한 경치를 묘사하고 있다고 생각하기 쉽다. 그러나 사실은 그렇지 않다. 여기에는 태양, 산, 황하, 바다, 지다, 흐르다 등의 여려 형상들이 등장한다. 빨간 색과 누런 색의 색채대조 뿐 만 아니라, 하늘과 땅, 산과 바다의 웅장한 공간적 구도를 형성하고 있다. 또 '태양은 산 너머로 지고', '황하는 바다로 흐른다'는 것은 흘러가는 시간의 무한함을 나타낸 것이다. 이렇게 작자는 단번에 광활한 시공간으로 독자를 데려간다.

작자는 광활한 산천과 우주공간을 본 것으로 그치지 않고, '더 멀리 보기 위하여, 다시 누대를 한 층 더 올라간다.' 이 말은 더 높은 이상, 더욱 진취적인 삶을 지향하여 스스로 행한다는 것이다. 바로 자신의 이상을 향한 내면적 동경을 실현시키기 위해 노력한다는 말이다. 우리에게도 현실에서 이상을 향해, 더 나은 삶을 추구하기 위해, 끝없이 동경하고 노력하라는 계시가 담겨있다. 서양의 '높이 나는 새가 멀리 본다'는 속담도 이와 비슷한 말인 듯하다.

더 높은 경지와 진취적 삶을 추구하여 천고의 절창으로 평가받는 명시이다.

왕지환의 이 시가 많은 사람에게 애송되면서 유실되어 흔적도 없던 관작루터에는 2002년에 높이 73.90미터의 새 관작루가 건립되었고, 누각의 1층에는 앞의 작가소개에 나온 왕지환의 동상이 세워져 있다.

12

양주사(凉州詞)

왕한(王翰)

왕한(王翰, 688~742)

자는 자우(子羽), 병주(幷州, 산서성) 태원(太原) 사람이다. 710년(23세) 진사에 급제하여 창낙현(昌樂縣)의 위(尉)가 되었다. 성격이 호방하여 재주를 믿고 술을 즐겼으며, 무협기질이 있고 구속을 싫어하였다. 여주사마(汝州司馬), 선주별가(仙州別駕)를 지냈으나, 행동이 과격하여 도주시마(道州司馬)로 좌천되었다가 결국 임지에서 죽었다. 왕지환과 더불어 변새 시인으로 알려져 있으며, 현존하는 작품은 불과 14수에 불과하지만, 호방하고 비장한 어조의 「양주사」는 7언 절구의 압권이라고 평가받고 있다.

凉州詞 양주사

葡萄美酒夜光杯，　포도미주야광배,
欲飮琵琶馬上催。　욕음비파마상최.
醉臥沙場君莫笑，　취와사장군막소,
古來征戰幾人回。　고래정전기인회.

양주사

포도주 좋은 술 야광 잔에 가득 부어,
마시려니 말위에서 비파타며 재촉하네.
취하여 모래밭에 누웠다고 그대는 웃지 마소,
예로부터 전쟁 나가 몇이나 돌아왔소.

凉州词 Liángzhōucí

葡萄美酒夜光杯，Pútáo měijiǔ yèguāngbēi,
欲饮琵琶马上催。Yù yǐn pípá mǎshàng cuī.
醉卧沙场君莫笑，Zuìwò shāchǎng jūn mò xiào,
古来征战几人回。Gǔlái zhēngzhàn jǐrén huí.

자구풀이

1. 凉州詞(양주사, Liángzhōucí) : 악부의 곡명으로 악부체 시, 대부분 출정 군인, 또는 서부 국경 지역의 풍경을 다룸. '양주(凉州)'는 양(梁)나라의 수도였으며, 오늘날의 감숙성 무위 현(武威縣)에 해당함. (서늘할－양) (고을－주) (말－사)
2. 葡萄美酒(포도미주, pútáo méijǐu) : 한 무제 때 서방에서 들어온 포도로 담근 술. 그 당시에는 상류층만이 마셨던 고급 술임. (포도－포) (포도－도) (아름다울－미) (술－주)
3. 夜光杯(야광배, yèguāngbēi) : 백옥으로 만든 술잔으로 밤에도 빛이 나기 때문에 이렇게 부름. 옛날 양주, 지금의 감숙성 무위시에 야광배 공장이 있어 관광 상품을 생산하고 있다. (밤－야) (빛－광) (잔－배)
4. 비파(琵琶) : 호인(胡人)의 악기, 말 위에서 탄다. (비파－비) (비파－파)
5. 催(최, cuī) : (음악을) 연주하다. (잔을 빨리 비워 내라고) 재촉하다. 여기서는 이 둘의 뜻을 겸함. (재촉할－최)
6. 沙場(사장, shāchǎng) : 사막. (모래－사) (마당－장)
7. 君(군, jūn) : 그대. 여기서는 막연히 세상 사람을 가리켜 한 말. (임금－군)
8. 征戰(정전, zhēngzhàn) : 전쟁터에 나감. (칠－정) (싸움－전)

감상

'양주사'는 악부의 제목으로 변방에 나가 있는 출정 군인의 심정을 읊은 노래이다. 양주는 지금의 감숙성 무위현(武威縣)으로 서역의 소수민족과 첨예하게 대치하는 곳이다. 또 이곳은 실크로드의 거점이라 서역에서 포도주와 야광배 같은 진귀한 물건들이 교역되어 이국적인 정서가 넘치는 곳이기도 하다.

이 시는 힘들고 긴장된 삶을 사는 변방 병사들이 한 차례 술자리로 마음을 달랠 수밖에 없는 비통한 심정을 묘사하고 있다.

우선 작자는 술잔치를 벌이는 모습을 화려한 명사들만 나열시켜 회화적이고 시각적인 이미지를 부각했다. 맛있는 포도주, 밤에도 빛을 발한다는 야광 술잔. 병사들은 이 멋진 잔치에서 술을 마시며 흥을 돋우고, 말 위에선 비파를 연주하며 잔을 빨리 비우라고 재촉하여 연회의 분위기가 고조에 달했다. 병사는 한 잔, 또 한 잔, 연거푸 마시고는 마침내 곤드레가 되어 전선의 모래 벌에 쓰러졌다. 쓰러져 중얼거리는 소리는 "날 비웃지 마오. 예로부터 전쟁에 나가 살아 돌아온 사람 몇이나 되오?" 라고 반문하는 한탄이었다. 술 취해 주정하는 병사의 모습에서 비장한 슬픔을 느끼게 된다.

포도주와 야광배의 연회가 무슨 소용이란 말인가? 시의 밑바닥에는 전쟁을 혐오하며 부디 무사히 돌아가길 바랄 뿐이라는 간절한 병사의 마음이 짙게 깔려 있다. 어기는 호방하지만 그 속의 여운은 비장, 비통함, 비애를 삼키는 남성적 감회가 서려있다.

13

봄날 새벽(춘효 春曉)

맹호연(孟浩然)

맹호연(孟浩然, 689~740)

자가 호연(浩然)으로 이름보다도 널리 알려져 있다. 호북성 양양(襄陽)사람으로, 40세 이전까지는 양양부근의 녹문산(鹿門山)에서 은거하다가, 40세에 장안에서 과거시험을 보았으나 실패했다. 그러나 장안에 머물면서 조정의 문인이었던 장구령(張九齡, 678~740), 왕유(王維, 701~761) 등과 사귀면서 자신의 시재를 발휘하였으나, 결국 현종의 노여움을 사 벼슬길에 오르지 못했다. 모든 노력이 수포로 돌아가자 잠시 고향으로 돌아왔다 사방으로 유람을 떠난다. 후에 장구령 밑에서 잠시 속관을 하다 일 년도 못되어 귀향하였고, 왕창령과 함께 술을 마시다 병에 걸려 죽었다.

벼슬에 뜻을 두었으면서도 방랑과 은둔으로 생애를 마감한 불우한 시인이다. 그러나 청려하고 아정(雅正)한 맛을 풍기는 전원 산수 시들은 왕유와 함께 '왕맹'으로 일컬어지며 성당의 자연시를 대표한다.

春曉 춘효

春眠不覺曉,　　춘면불각효,
處處聞啼鳥。　　처처문제조.
夜來風雨聲,　　야래풍우성,
花落知多少。　　화락지다소.

봄날 새벽

봄잠에 새벽을 느끼지 못했는데,
여기저기서 새 소리 들려온다.
간밤 내내 비바람소리,
꽃들은 얼마나 떨어졌을까?

春晓 Chūnxiǎo

春眠不觉晓， Chúnmián bùjué xiǎo,
处处闻啼鸟。 Chùchù wéntí niǎo.
夜来风雨声， Yè lái fēngyǔ shēng,
花落知多少。 Huā luò zhī duōshaŏ.

자구풀이

1. 春曉(춘효, chūnxiǎo) : 봄날 새벽. (봄－춘) (새벽－효)
2. 眠(면, mián) : 잠자다. (잠잘－면)
3. 處處(처처, chùchù) : 여기저기. (곳－처)
4. 夜來(야래, yèlái) : 밤새 내내. 여기서 '래(來)'는 조사로 시간의 연속을 뜻함. (밤－야) (올－래)
5. 多少(다소, duōshaŏ) : 의문사로서 '얼마나'라는 뜻. (많을－다) (적을－소)

감상

기분 좋은 봄날 새벽 잠. 곤하게 잠이 들어 날이 샌 줄도 몰랐다. 눈 비비고 보니 아침이 한창 인 듯 새 우는 소리가 여기저기서 들려온다. 침상에 누운 채 들려오는 새소리에 오늘은 화창한 날씨임을 짐작했다.

하지만 어젯밤 밤새도록 거센 비바람이 몰아쳤음을 알고 있다. 폭풍우 다음날 새벽은 그 어느 때 보다 맑고 청명해서 오늘 아침 기분은 한층 상쾌하지만 문득 염려되는 생각이 떠올랐다. 한창 피어났던 뜨락의 꽃들. 어젯밤 비바람으로 얼마나 흩어졌을까? '얼마나 되는지 아는가(知多少)'는 얼마나 될지 모르지만 많이 떨어지지 않았을까 염려된다는 뉘앙스가 들어있다. 그 말 속에는 꽃이 지면 봄도 가버리는데, 가는 봄이 아쉬워 애석하다는 섭섭한 마음이 숨어있다.

이 시의 시적 아름다움은 감각적인 변화의 시도에 있다. 봄잠이 들었을 때, 깨어 있을 때, 잠들었을 때의 상황으로 분위기 변화를 시도했다. 거기에다 새소리, 비바람소리 같은 청각적인 요소를 봄날의 특색으로 형상화해서 생기발랄한 이미지를 유발시켰다. 감정 묘사는 오직 작자가 새벽잠에서 깨어난 순간의 느낌에만 초점을 맞췄고, 경치 묘사는 봄날의 한 측면만 포착했지만, 상쾌하고 생기발랄한 느낌을 가져다주는 명시이다.

14

친구의 시골집에 들러

(과고인장 過故人莊)

맹호연(孟浩然)

過故人莊 과고인장

故人具鷄黍, 고인구계서,
邀我至田家。 요아지전가.
綠樹村邊合, 녹수촌변합,
靑山郭外斜。 청산곽외사.
開軒面場圃, 개헌면장포,
把酒話桑麻。 파주화상마.
待到重陽日, 대도중양일,
還來就菊花。 환래취국화.

친구의 시골집에 들러

친구가 닭과 기장밥 마련하고,
나를 시골집으로 초청했네.
푸른 숲은 마을 주변을 둘러싸고,
푸른 산은 성곽 너머에 비껴있네.
들창 열어 마당과 채마밭 마주하고,
술 마시며 뽕나무와 마 농사 얘기하네.
중양절 되기를 기다렸다가,
다시 와 국화 앞에 나아가려네.

过故人庄 Guò gùrénzhuāng

故人具鸡黍， Gù rén jù jī shǔ,
邀我至田家。 Yāo wǒ zhì tián jiā.
绿树村边合， Lǜ shù cūn biān hé,
青山郭外斜。 Qīng shān guō wài xié.
开轩面场圃， Kāi xuān miàn cháng pǔ,
把酒话桑麻。 Bǎ jiǔ huà sāng má.
待到重阳日， Dài dào Chóng yáng rì,
还来就菊花。 Huán lái jiù jú huā.

자구풀이

1. 故人(고인, gùrén) : '故人'은 오래된 벗. (옛－고)
2. 具(구, jù) : 준비함. 구비함. (갖출－구)
3. 鷄黍(계서, jīshǔ) : 손님을 대접한다는 뜻. 어떤 사람이 공자의 제자인 자로를 집에 묵게 하고 닭을 잡고 기장밥을 지어 대접했다는 고사에서 나온 말. (닭－계) (기장－서)
4. 邀(요, yāo) : 초대함. 초청함. (맞을－요)
5. 田家(전가, tiánjiā) : 농가, 시골집. (밭－전) (집－가)
6. 郭外(곽외, guōwài) : 성곽 바깥. (성곽－곽) (바깥－외)
7. 斜(사, xié) : 비스듬함. 기욺. (비낄－사)
8. 軒(헌, xuān) : 창문. (추녀－헌)
9. 面(면, miàn) : 향함. 마주함. (낯－면)
10. 場圃(장포, chángpǔ) : 채마밭, 혹은 타작하는 마당을 가리킴. (마당－장) (밭－포)
11. 把(파, bǎ) : 잡다, 쥐다. (잡을－파)
12. 桑麻(상마, sāngmá) : 뽕나무와 삼, 즉 농사일을 가리킴. (뽕나무－상) (삼－마)
13. 重陽日(중양일, chóngyángrì) : 중양절. 옛날 명절의 하나로 음력 9월 9일임. (무거울－중) (볕－양)
14. 就(취, jiù) : 다가감. (이룰－취)

감상

아름답고 평화로운 전원의 풍경, 그것이 함축하고 있는 순박한 자연과 인간의 관계를 평이하고 담담한 언어로 자연스럽게 드러낸 걸작이다.

먼저 도입부에 '닭 잡고 기장밥을 지어 손님을 대접한다'는 것은 순박한 농촌의 손님 접대 모습이다. 겉치레나 꾸밈은 하나도 없다. 허례허식 없는 친구의 소박한 초대에 시인은 기쁘게 응했다. 마을에 들어서서 본 풍경을 '푸른 나무(綠樹)'와 '청산(靑山)'으로 색채감 있게 그려 시골집과의 조화를 이루었다.

앞의 두 구가 마을로 들어올 때 보고 느낀 것이라면, 뒤의 두 구는 시인이 집에 도착한 후의 정경과 분위기를 묘사하고 있다. 친구는 들창을 열어 앞마당과 채마밭을 볼 수 있도록 창가에 앉혔다. 이어서 친구와 술잔을 주고받으며 이야기를 나눈다. 화제는 물론 농사와 관계된 것이다. 들창 앞에 펼쳐진 전원의 모습에서 마치 흙냄새가 풍겨오는 것처럼 느껴진다. 시인은 이런 전원생활에 도취되어, 친구의 정성어린 대접에 감사하며 중양절에 다시 와 국화를 감상하겠노라 약속한다. 전원생활에 흠뻑 취해 살아가는 모습이 잘 그려져 있다. 시골의 정취는 이처럼 따뜻하고 정겨운 맛이 나는 것이다.

청나라 심덕잠(沈德潛)은 『당시별재(唐詩別裁)』에서 이 시를 "시어가 담백하나 맛은 결코 엷지 않다(語淡而味終不薄)"고 평했다. 이 말처럼 자연스럽고 평이한 가운데 깊은 맛을 풍기며, 그 속에 진지함이 담겨있다. 이와 같이 정제와 퇴고의 흔적을 찾아볼 수 없는 자연스런 시는 시인의 능력이 조화의 경지에 도달해야만 낼 수 있는 것이다.

15

변방으로 나가 (출새 出塞)

왕창령(王昌齡)

왕창령(王昌齡, 698~755)

자는 소백(少伯)이고, 강녕(江寧, 강소성 남경)사람이다. 개원15년(727)에 진사에 급제하였다. 그가 진사에 급제했을 때에는 세간에 영달을 구하는 분위기가 팽배해 있었는데, 그는 오히려 세절(細節)에 구애되지 않는 성격이었다. 그의 이러한 성격으로 말미암아 진사에 급제한 후에도 지방관으로 이곳저곳 떠돌아다녔다. 그는 7년간 교서랑(校書郎)으로 비서성(秘書省)에 재직하였고, 그 뒤 박학굉사과(博學宏詞科)에 임명되었지만 바로 지방으로 진출되어 하남(河南)의 사수위(汜水尉)로 부임하였다. 안록산의 난이 일어나자 고향에 돌아갔다가 자사 여구효(閭丘曉)에게 미움을 받아 살해되었다. 현존하는 180여 수 중 7언 절구가 반이나 된다. 그 중 변새시와 규원시가 풍격이 청신하고 격조가 높아 유명하다. 변새시에는 「종군의 노래(從軍歌)」, 「변방으로 나가(出塞)」, 「새하곡(塞下曲)」 등 변방에서 고통을 당하는 병사들의 마음을 그렸고, 규원시에는 「어린 아씨의 원망(閨怨)」, 「월여(越女)」, 「완사녀(浣沙女)」 등 여인의 섬세한 서정의 그리거나 「봄 궁전의 노래(春宮曲)」, 「서궁의 봄 원망(西宮春怨)」, 「장신궁의 가을노래(長信秋曲)」 등 궁녀의 한을 그렸다. 특히 7언 절구가 뛰어나서 이백을 제외하면 그와 비견할 사람이 없다고 평한다.

出塞 출새

秦時明月漢時關, 진시명월한시관,
萬里長征人未還。 만리장정인미환.
但使龍城飛將在, 단사용성비장재,
不教胡馬度陰山。 불교호마도음산.

변방으로 나가

진나라 때의 달, 한나라 때의 관문,
만 리 원정 나간 병사 돌아오지 않네.
만일 용성의 비장군만 있다면,
오랑캐 말이 음산을 넘지 못하련만.

出塞 Chūsài

秦时明月汉时关, Qínshí míngyuè Hànshí guān,
万里长征人未还。Wànlǐ chángzhēng rén wèihuán.
但使龙城飞将在, Dàn shǐ Lóngchéng fēijiāng zài,
不教胡马度阴山。Bú jiào Húmǎ dù Yīnshān.

자구풀이

1. 出塞(출새, chūsài) : 변방에 있는 관(關)을 떠나 싸우러 가는 것. 악부의 곡명으로 대부분 전쟁에 참전하는 군인들의 고통과 변경을 지키는 사람들의 노고를 노래하고 있음. (날-출) (변방-새)
2. 但使(단사, dànshǐ) : '단지 ~하기만 한다면'. (다만-단) (하여금-사)
3. 龍城(용성, Lóngchéng) : 오늘날 하북성 가봉구(嘉峰口)부근 일대. 한나라 때 이광(李 廣)이 부임해 있던 우북평(右北平)을 가리킴. 본래는 흉노의 근거지였음. (용-용) (성-성)
4. 飛將(비장, fēijiāng) : 한나라 때의 명장 이광(李廣)을 가리키는 말. 『사기(史記)』에 의하면 흉노는 전한의 명장이던 이광을 두려워하여 '비장군(飛將軍)'이라 했으며, 그가 있었던 우북 평은 감히 쳐들어오지 못했다 함. (날-비) (장차-장)
5. 教(교, jiào) : '사(使)'와 같음. '~하게 하다' (가르칠-교)
6. 陰山(음산, Yīnshān) : 오늘날의 내몽고자치구역의 북부 지역에 가로질러 있는 음산산맥을 말하며, 한나라 시대에는 북방 이민족과의 자연스런 경계선이었음. (음달-음)

감상

북방 몽골 지역을 무대로 하였으며, 당나라 변새시 중에서 중후한 분위기를 지녔다는 평을 받는 명시이다.

진나라 한나라 때부터 외적의 침입을 막기 위해서 축조한 장성, 천 백 년 동안 밝은 달이 줄곧 황량한 장성의 관문을 비추고 있다. '관문(關)'과 '달(月)'은 변새시에서 흔히 보이는 시어이다. 그 앞에 시간을 나타내는 '진(秦)'과 '한(漢)'을 넣어서 시간적 깊이를 말했고, '만리'라는 먼 거리를 써 공간의 웅장함을 느끼게 했다. 때문에 첫 구는 역사감과 공간감을 잘 갖춰 독자에게 상상의 폭을 넓혀주었다.

달빛아래서 관문을 지키는 병사는 오랜 세월동안 끊임없이 바뀌었다. 그들은 고향에서 이억 만 리 변방에 나와 국토를 지키며 적군을 물리치고 돌아가길 희망했지만 천 백년이나 지난 동안 과연 몇 명이나 살아 돌아갔던가? 만 리나 되는 웅장한 관문과 천년동안 내려온 옛 전쟁터를 대하고 있는 시인은 병사들의 비참한 운명이 떠올라 무한한 감개를 금할 길 없다. '만 리 원정 나간 병사는 돌아오지 않는다(萬里長征人未還)'는 말은 전쟁이 가져다주는 고난과 참혹함을 간결하게 잘 반영했다. 만일 한 나라 때 적들에게 '비장군(飛將軍)'이라고 불리던 영웅 이광(李廣)이 살아 있다면, 적군의 병마는 감히 음산(陰山)을 넘어 변방의 관문을 쳐들어오지 못하고, 병사들도 집으로 돌아 갈 수 있을텐데…….

작자는 이 시를 지으며 옛날의 영웅처럼 국토를 보위해 줄 더욱 많은 영웅이 나오길 바랐을 게다. 비단 시인뿐 아니라, 온 백성들의 공통된 희망도 그런 것이었으리라.

16

어린 아씨의 원망(규원 閨怨)

왕창령(王昌齡)

閨怨 규원

閨中少婦不知愁, 규중소부부지수,
春日凝粧上翠樓. 춘일응장상취루.
忽見陌頭楊柳色, 홀견맥두양류색,
悔敎夫婿覓封侯. 회교부서멱봉후.

어린 아씨의 원망

규중의 새색시 슬픔을 알지 못해,
봄날 곱게 단장하고 누각에 올랐다가.
문득 길가 버들 빛 보고는,
낭군에게 벼슬하라 보낸 걸 후회하네.

闺怨 Guīyuàn

闺中少妇不知愁,
Guīzhōng shàofù bù zhī chóu,
春日凝妆上翠楼。
Chūnrì níngzhuāng shàng cuìlóu。
忽见陌头杨柳色,
Hū jiàn mòtóu yánglǐusè,
悔教夫婿觅封侯。
Huǐ jiào fūxù mì fēnghóu。

자구풀이

1. 閨中(규중, guīzhōng) : 부녀자가 거처하는 방. 침실. (도장방－규)
2. 凝粧(응장, níngzhuāng) : 곱게 단장을 함. (엉길－응) (단장할－장)
3. 翠樓(취루, cuìlóu) : 푸른색을 칠한 누각. 즉 아름다운 누각을 말함. (물총새－취) (다락－루)
4. 陌頭(맥두, mòtóu) : 길가. 길거리. (두렁－맥) (머리－두)
5. 教(교, jiào) : 사역의 의미로 '~하게 하다'는 뜻. (가르침－교)
6. 夫婿(부서, fūxù) : 남편, 낭군. (지아비－부) (사위－서)
7. 覓(멱, mì) : 찾다. (찾을－멱)
8. 封侯(봉후, fēnghóu) : 제후로 봉해짐. 국가에 큰 공을 세운 사람에게 땅을 나누어주고 그 곳을 다스리게 함. (봉할－봉) (과녁－후)

감상

이 시는 규방의 나이어린 새색시가 슬픔을 모르고 지내다가, 슬픔을 알자 후회하게 되는 마음의 변화 심리상태를 절묘하게 표현한 시이다. 여기에는 일면 당나라 시대의 시대상이 반영되어 있다.

당나라 때는 국토확장을 꾀하려는 정책으로 변방에서는 끊임없이 이민족과의 다툼이 일었고, 변방에 나가 전쟁터에서 승리를 하면 국가에서 제후로 봉하여 땅을 나누어주고 그곳을 다스리게 했다. 때문에 당시에 출세를 꿈꾸는 많은 젊은이들은 큰 공을 세우고 제후로 봉해지고자 변방의 싸움터로 자원하게 되었다. 이 시의 규방 새색시도 신혼의 낭군을 출세 길인 변방으로 보냈던 것이다.

어느 화창한 봄날, 시름을 모르고 살던 나이어린 새댁이 곱게 단장을 하고 유쾌한 마음으로 누각에 올랐다. 누각에 올라보니, 시절은 만물이 약동하는 봄. 길가에 늘어진 버들이 푸릇푸릇 가지를 늘어뜨리고 있다. 이를 보는 순간 갑자기 마음이 동요하기 시작했다. 버들을 꺾고 낭군과 이별하던 정경이 머릿속에 떠올랐던 것이다. 이렇듯 아름다운 봄날, 함께할 낭군은 멀리 떠나갔고, 청춘은 그저 흘러가 버리는구나. 곱게 단장한 모습은 누구에게 보일 것이며, 화사한 봄 경치는 누구와 함께 감상할까? 규중 아씨는 이제까지 몰랐던 시름을 마음 깊숙이 느끼며, 낭군에게 벼슬 찾아 나서게 한 걸 후회하게 된다. 벌써 여러 해 전에 떠난 낭군은 도대체 언제나 오시려나. 작자는 당시의 시대상을 규중의 새색시 마음으로 미묘하게 함축시켜 놓아, 후세에까지 압권으로 평가받고 있다.

17

사슴 울짱(녹채 鹿柴)

왕유(王維)

왕유(王維, 701~761

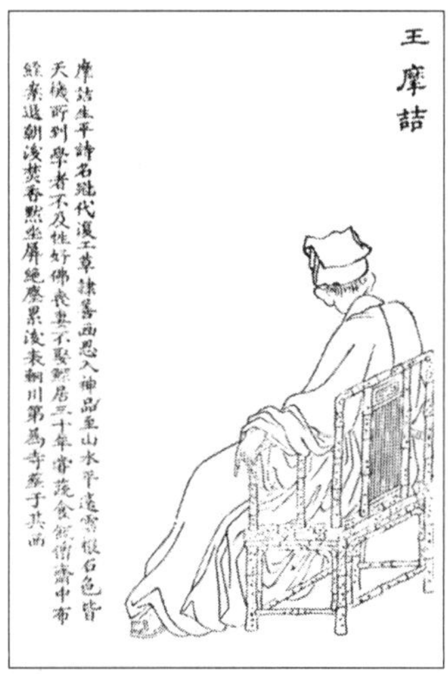

자가 마힐(摩詰)이고, 산서성 태원(太原)사람이다. 왕유는 동생 진(縉)과 함께 박학다재한 준재(俊才)로 그 이름을 세상에 떨쳤다. 어려서 천재의 면목을 보여 9세 때부터 시를 짓기 시작했으며, 15세에 지은 「진왕의 묘를 지나며(過秦王墓)」, 17세에 지은 「9월9일 산동의 형제를 생각하며(九月九日憶山東兄弟)」, 19세에 지은 「도원행(桃源行)」이 지금도 전한다. 721년 진사에 급제하여 비교적 평온한 벼슬생활을 했으나, 안사의 난 때 포로로 잡혀 반강제로 관직을 맡았다가 난이 평정된 후 이를 문제 삼아 죽을 뻔했으나, 동생 왕진(王縉)의 구명운동 덕으로 좌천되는 것으로 끝났다. 그 후 승진을 거듭하여 상서우승까지 이르렀으며, 때문에 왕우승(王右丞)이라고도 불린다.

그는 전원시를 잘 지어 당대 제일의 산수전원시인으로 평가된다.

시뿐만 아니라 그림, 서예, 음악, 춤 등 모든 예술에 조예가 깊었는데, 특히 수묵화(水墨畵)는 남종화(南宗畵)의 시조로 추앙되었다. 이처럼 시화(詩畵)에 모두 능하였기 때문에 그의 시에는 자연히 화의(畵意)가 풍부하고, 그의 그림에는 시취(詩趣)가 넘쳐나 소동파가 일찍이 그의 시화를 평하여 '시중유화, 화중유시(詩中有畵, 畵中有詩)' (시 가운데 그림이 있고, 그림 가운데 시가 있다)라고 평하였다. 독실한 불교신도였던 어머니의 영향으로 30세쯤 아내와 사별하고 일생 독신으로 지내면서 불교에 심취하였고, 시를 통해 고요한 선(禪)의 경지와 선리(禪理)를 노래하여 '시불(詩佛)'이라 칭해지기도 한다. 그는 본래 한적한 생활을 애호하였고, 중년 이후에는 장안 남쪽 남전(藍田)현에 있는 망천(輞川) 별장을 입수하여 조용히 살다 생을 마쳤다. 그는 망천장에서 자연의 아름다움을 즐기며 고요하고 맑은 산수자연시를 많이 지었다. 맹호연과 함께 성당 산수자연시파의 우두머리로 꼽힌다.

鹿柴 녹채

空山不見人,　　공산불견인
但聞人語響。　　단문인어향
返景入深林,　　반영입심림
復照青苔上。　　부조청태상

사슴 울짱

텅 빈 산에 사람은 보이지 않고,
두런두런 사람의 말소리만 들리네.
석양빛 깊은 숲에 들어와,
다시 푸른 이끼 위를 비추네.

鹿柴 Lùzài

空山不见人，　Kōngshān bú jiàn rén,
但闻人语响。　Dàn wén rén yǔ xiǎng.
返景入深林，　Fǎnjǐng rù shēnlín,
复照青苔上。　Fù zhào qīngtái shàng.

자구풀이

1. 鹿柴(녹채) : 사슴 울짱(울타리), 사슴을 사육하는 곳. 이 시는 왕유의 유명한 연작(連作)인 『망천집(輞川集)』의 한 편. 망천(輞川)은 서안시 남쪽 종남산(終南山)에서 발원하는 강 이름으로 이 강가에 망천장 별장이 있었음. 왕유는 망천장 부근 경치 좋은 20 곳에 대해 절구를 지었는데, <녹채>는 그 중의 하나로 사슴을 기른 곳임. '柴'는 '섶－시'로 읽으면 땔나무의 뜻이 됨. 여기서는 울타리라는 뜻의 '울짱－채'로 읽어야 함. (사슴－록) (울짱－채)
2. 空山(공산) : 인기척 없는 고요한 산. (빌－공)
3. 人語響(인어향) : 사람 말소리의 울림. (사람－인) (말씀－어) (울림－향)
4. 返景(반영) : 석양빛. 저녁햇살. '반영(返影)'과 마찬가지로 반사되는 빛. '경(景)'은 '영(影)'의 뜻이므로 여기서는 '영'으로 읽음. (돌아올－반) (그림자－영)
5. 復照(부조) : 다시 비춤. '復'는 '다시－부'로 읽어야지, '돌아올－복'으로 읽으면 안 됨. (다시－부) (비출－조)

감상

이 시는 『망천집(輞川集)』의 한 편으로 『망천집』에는 다음과 같은 서문이 있다. "나의 별장은 망천의 산골에 있다. 거기서 놀 만한 곳은 … 녹채(鹿柴), 목란채(木蘭柴), … 죽리관(竹里館), 신이우(辛夷塢) 등 (스무 곳)이 있다. 배적(裴迪)과 더불어 한가할 때 각 곳에 대해 절구를 지어 본 곳이다." 『망천집』은 스무 곳에 대해 두 사람이 각각 5언 절구를 하나 씩 지었으므로 모두 40수가 있다. 배적은 왕유의 친구이다.

「녹채」는 말년에 쓴 대표적인 산수시로, 자연의 관조를 통해 자신의 내면을 융화시킨 망천시 20수 중 넷째 수이다.

첫 구절은 정적에 쌓인 산을 묘사한 것으로, '공산(空山)'의 '공(空)'은 불교에 심취한 왕유의 사상이 잘 드러나는 시어이다. 둘 째 구에는 인적 없는 산 속에서 뜻밖에 고요함을 깨고 두런두런 말소리가 울린다. 정적 속에서의 소리는 도리어 고요함을 부각시켰다. 잠시 후 말소리도 없어지고 텅 빈 산에는 다시 고요한 정적이 흐른다. 잠깐 동안의 짧은 울림이 오히려 오랜 동안의 깊은 정적을 느끼게 한다.

3, 4구는 청각에서 시각으로 시상을 옮겼다. 깊은 숲 속은 본래 빛을 볼 수 없어 낮에도 어둡고 더구나 황혼녘에는 그 어둠이 더욱 심하다. 이때 한 줄기 석양빛이 숲 속을 뚫고 들어와 푸른 이끼 위를 비춘다. 한 줄기 햇살과 숲 속의 어두움이 강렬한 명암대비를 이룬다. 그러나 석양도 순식간에 넘어가고 남겨진 것은 여전히 길고 그윽한 숲 속의 어두움뿐. 여기서는 빛이 도리어 어두움을 두드러지게 했다.

시인은 이렇듯 예리하게 빛과 그림자의 순간적인 조합을 포착하여, 황혼녘 숲 속의 적막감을 정련된 언어로 표현했다. 마치 맑고 그윽한 한 폭의 그림을 보는 듯하다. 그래서 송나라의 소식(蘇軾)은 "왕유의 시를 음미해 보면 시 속에 그림이 있고, 그의 그림을 감상해 보면 그림 속에 시가 있다. (시중유화, 화중유시)"라고 평을 하였던 것이다.

18

장마 지는 망천장에서 쓰다

(적우망천장작 積雨輞川莊作)

왕유(王維)

積雨輞川莊作 적우망천장작

積雨空林煙火遲, 적우공림연화지,
烝藜炊黍餉東菑. 증려취서향동치.
漠漠水田飛白鷺, 막막수전비백로,
陰陰夏木囀黃鸝. 음음하목전황리.
山中習靜觀朝槿, 산중습정관조근,
松下淸齋折露葵. 송하청재절로규.
野老與人爭席罷, 야로여인쟁석파,
海鷗何事更相疑? 해구하사갱상의?

장마 지는 망천장에서 쓰다

장마 지는 빈숲에 연기 낮게 피어오른다.
명아주 찌고 기장밥 지어 동쪽 밭에 내간다.
드넓은 논엔 백로들 날아들고,
짙푸른 여름 나무엔 꾀꼬리 지저귄다.
산 속 고요함 즐기며 무궁화 살펴보고,
소나무 아래서 깨끗이 재계하며 이슬 젖은 아욱을 딴다.
시골 노인 속인들과 이미 자리다툼 끝냈거늘,
갈매기는 무슨 일로 다시 의심하는가?

积雨辋川庄作
Jī yǔ Wǎng chuān zhuāng zùo

积雨空林烟火迟,
Jī yǔ kōng lín yān huǒ chí,

烝黎炊黍饷东菑.
Zhēng lí chuī shǔ xiǎng dōng zī.

漠漠水田飞白鹭,
Mò mò shuǐ tián fēi bái lù

阴阴夏木啭黄鹂.
Yīn yīn xià mù zhuàn huáng lí

山中习静观朝槿,
Shān zhōng xí jìng guān zhāo jǐn

松下清斋折露葵.
Sōng xià qīng zhāi zhē lù kuí

野老与人争席罢,
Yě lǎo yǔ rěn zhēng xí bà

海鸥何事更相疑?
Hǎi ōu hé shì gēng xiāng yí

자구풀이

1. 輞川莊(망천장, Wǎng chuān zhuāng): 지금의 섬서성 남전현(藍田縣) 남쪽 망천 산골짜기에 왕유가 마련했던 별장. (바퀴테－망) (내－천) (전장－장)
2. 積雨(적우, jīyǔ): 장마. (쌓을－적)
3. 煙火遲(연화지, yān huǒ chí): '煙火'는 밥 짓는 연기. '遲'는 장마철에 기압이 낮아 굴뚝의 연기가 잘 올라가지 않는 것을 뜻함. (연기－연) (더딜－지)
4. 蒸藜(증려, zhēnglí): '蒸'은 찌는 것, '藜'는 명아주과에 속하는 1년생 풀로서 잎은 식용이다. (찔－증) (명아주－려)
5. 炊黍(취서, chuīshǔ): 기장밥을 짓다. (불땔－취) (기장－서)
6. 餉(향, xiǎng): 밥을 내가다. (건량－향)
7. 菑(치, zī): 전야(田野), 논밭. (묵정밭－치)
8. 漠漠(막막, mòmò): 아주 넓어 끝이 없어 보이는 모양. (넓을－막)
9. 陰陰(음음, yīnyīn): 수목이 우거진 모양. (그늘－음)
10. 囀(전, zhuàn): 지저귀다. (지저귈－전)
11. 黃鸝(황리, huánglí): 꾀꼬리. (누를－황) (꾀꼬리－리)
12. 朝槿(조근, zhāojǐn): 아침에 핀 무궁화. 무궁화는 꽃이 아침에 펴서 저녁에는 진다. 짧은 인생, 인생무상을 말하고 있다. (아침－조) (무궁화－근)
13. 淸齋(청재, qīngzhāi): 몸을 깨끗이 재계함. (맑을－청) (재계할－재)
14. 露葵(로규, lùkuí): 이슬 젖은 아욱. 아욱은 이슬에 젖은 것이 맛있음. 소식(素食)을 말함. (이슬－로) (아욱－규)
15. 野老(야노, yělǎo): 시골에 사는 노인. 시인 자신을 지칭. (들－야) (늙을－노)
16. 爭席罷(쟁석파, zhēngxíbà): 세속적인 명리다툼은 그만두었다는 뜻. (다툴－쟁) (자리－석) (그칠－파)
17. 海鷗(해구, hǎiōu): 갈매기. 『열자(列子)』에 이런 얘기가 있다. "바닷가에 갈매기를 좋아하는 사람이 살고 있었는데, 아침마다 바닷가에 나가서 갈매기들과 놀았다. 하루는 그 아비가, 갈매기를 잡아 오라고 일렀다. 아들이 그럴 양으로 다음날 바닷가에 나갔더니 갈매기들은 하늘에서 춤만 출 뿐 한 마리도 내려오지 않았다." (바다－해) (갈매기－구)

18. **更相疑**(갱상의, gēng xiāng yí): 또 다시 의심하는가? 즉, 왕유 자신은 부귀공명에 대한 욕망을 버렸는데, 남이 자신의 해탈을 다시 의심한다는 의미이다. 반대로 반어의 어기로 보아서 자신은 이미 세속의 명예를 포기하였으니 갈매기가 어찌 나를 의심할 리가 있겠느냐는 의미로 해석할 수 있겠다.

감상

왕유는 벼슬길이 여의치 않았던 천보(天寶) 초년에 불교에 심취하여 종남산의 망천장에 은거하면서 시 짓는 일을 낙으로 삼았다. 이 시는 이 무렵에 창작된 것으로 세속의 명리에 휘둘리지 않으려는 마음가짐이 잘 드러나 있다.

수련(首聯)은 전원에서 흔히 볼 수 있는 모습을 담고 있는데, 조용하고 아늑한 농촌을 생동감 있게 그려 냈다. 함련(頷聯)은 장마 비가 그친 뒤 생기를 되찾은 자연경물을 묘사한 것이다. 경련(頸聯)은 아침에 피었다가 저녁이면 지는 무궁화를 통해 덧없이 짧은 인생의 의미를 되새기면서 청정하고 소박한 생활을 즐기는 광경이다. 미련은 『열자(列子)』에 보이는 두 개의 전고를 인용해 사심을 버려 평정을 찾은 시인의 마음을 전하고 있다. 선명한 화면에 맑고 깨끗한 정취를 담아 "시 속에 그림이 있다"는 산수전원시의 특징을 여실히 보여 주는 작품이다.

이 시는 정형적인 칠언율시이다. 산수전원시나 변새시에는 칠언율시가 거의 배제되었는데, 왕유는 이런 소재도 칠언율시로 지음으로서 창작범위를 확대시켰다. 특히 이 시의 함련에 대해 방동수(方東樹)는 『소매첨언(昭昧詹言)』에서 "경물 묘사가 지극히 생생하여 만고에 닳지 않을 구절이다"라고 격찬했지만, 그동안 이가우(李嘉祐) 시의 한 구절인 '水田飛白鷺, 夏木囀黃鸝'를 그대로 따온 것이라 하여 논란이 많았다. 그러나 섭몽득(葉夢得)은 『석림시화(石林詩話)』에서 이 두 구의 좋은 점은 첩자(疊字)인 '漠漠'과 '陰陰'에 있음을 언급한 바가 있고, 실제로 '漠漠'에는 광활한 뜻이 있고, '陰陰'에는 유심(幽深)한 뜻이 있어 '漠漠水田'과 '陰陰夏木'은 '水田'과 '夏木'에 비교하면 화면이 더욱 넓고 깊어지는 느낌을 준다. 그러므로 설령 왕유가 이가우의 시 구절을 빌려 썼다 하더라도 칠언율시의 구법을 잘 파악하고 썼음은 틀림없는 사실이다.

19

고요한 밤의 그리움(정야사 靜夜思)

이백(李白)

이백(李白, 701~762)

'시선(詩仙)'이라고 일컬어지며, 두보와 함께 중국시가의 쌍벽을 이루고, 우리에게는 '달아! 달아! 밝은 달아! 이태백이 놀던 달아!'로 익숙했던 시인이다. 자가 태백(太白)인데, 어머니가 꿈에 태백성(太白星)이 품으로 들어오는 것을 보고 낳아서 붙여졌다 한다. 호는 청련거사(青蓮居士)이며, 스스로 취선옹(醉仙翁)이라 불렀다.

출생지와 조상에 대해서는 이설이 많지만, 일반적으로 그의 선대가 수나라 말엽 서역으로 가서 살았으며, 그는 거기서 출생하여 5살 때 부친을 따라 금주(錦州, 사천성)로 이주했다 한다. 청소년기를 사천성에서 보낸 그는 어린 시절부터 남달리 총명하고 호협했다. 25세부터 고향을 떠나 장강 유역을 따라 유람하면서 많은 시인과 교유하며 세상에 대한 견문을 넓혔다. 36세 무렵엔 당시 은둔 생활을 하던 공소부와 함께 산동성의 조래산에 은거하여 '죽계육일(竹溪六逸)'로 불렸다. 과거시험에는 응시한 적이 없으며, 발군의 시적 재능을 펼쳐 인정받기를 꿈꿨다.

42세에 도사 오균(吳筠)과 재상 하지장의 추천으로 현종의 인정을 받아 처음이자 마지막으로 3년간 한림학사(翰林學士)라는 벼슬을 지냈다. 이 3년간은 득의의 시절로 당 현종의 극진한 대접을 받기도 하였고, 분방하고 거침없는 행동으로 환관 고력사의 미움을 사기도 하였다. 호탕하고 방탕한 생활로 3년을 채우지 못하고 결국은 궁중에서 추방되어 방랑길에 올랐다.

44세부터 안사의 난이 일어난 55세까지 약10년 동안 전국을 돌아다녔으며, 이 시기에 두보와 가까이 지내며 깊은 우정을 나누기도 하였다.

55세부터의 만년은 처참한 생활의 연속이었다. 안사의 난이 일어나자 영왕(永王) 이린(李璘)이 주도하는 반란에 가담했다가 실패하여 야랑(夜郞)으로 유배되는 상황에 처했는데 곽자의의 적극적인 구명운동에 힘입어 중도에서 사면되었다. 그 후 강남지방을 전전하다 결국 가난과 울분 속에서 당도(當塗)에서 62세에 병사했다. 전설에는 채석강 강가에서 술에 취해 물속에 잠긴 달을 잡으러 강에 뛰어들었다가 고래를 타고 하늘로 올라갔다고 하는데 이는 그의 낭만성을 나타낸 것이다.

호방한 시풍이 최대의 특색이라고 하지만, 천재적인 조예는 어느 한 방면에 국한되지 않고 비장함, 표일함, 한적함, 농염함 등 갖가지 풍격을 다 갖추고 있어 이전의 시 정신을 집대성한 시인이라고 평한다. 특히 격률에 속박되거나 얽매이지 않으면서, 기묘한 상상, 대담한 과장, 강렬한 서정, 신화와 고사의 가공 등을 통해 선명한 형상을 드러냈다. 현존하는 시가는 『이태백 전집』에 1,049수가 수록돼 있지만, 시율이 엄격한 율시는 겨우 82수이고 그 나머지는 절대다수가 고시와 절구이다. 고시는 자유분방한 천재성을 발휘하기에 적합하고, 절구는 가행의 전통을 살린 통속적인 시체라서 취향에 잘 맞았기 때문일 것이다. 당시의 최고 경지를 보여주는 예술적 성공을 보여준 시가들은 거의 다 이에 집중돼 있다.

靜夜思 정야사

牀前明月光,　　상전명월광,
疑是地上霜。　　의시지상상.
擧頭望明月,　　거두망명월,
低頭思故鄕。　　저두사고향.

고요한 밤의 그리움

침상 앞 밝은 달빛,
땅에 내린 서린가 했지.
고개 들어 밝은 달 바라보다,
고개 숙여 고향 그리워한다.

静夜思 Jīngyèsī

床前明月光， Chuángqián míngyuè guāng
疑是地上霜。 Yíshì dìshàng shuāng.
举头望明月， Jǔtóu wàng míngyuè,
低头思故乡。 Dītóu sī gùxiāng.

자구풀이

1. 牀(상, chuáng) : 나무로 짠 침상. 평상 따위. (평상－상)
2. 擧頭(거두, jǔtóu) : 고개를 들어 높은 곳을 바라보는 자세. (들－거) (머리－두)
3. 低頭(저두, dītóu) : 고개를 숙여 생각에 잠기는 상태. (밑－저)

감상

고요한 밤에 달을 보며 고향생각에 잠긴다는 너무나 평범한 명제를 가지고, 입에서 나오는 대로 소박하고 자연스럽게 공들이지 않았음에도 불구하고 정교하게 구성돼 있다. 평범함 속에서 비범함이 드러나 대가의 면모를 보여 준 시다.

'정야(靜夜)'는 '주위가 모두 조용한' 깊은 밤. 객지를 떠도는 한 나그네가 밤이 되어 객사에 몸을 눕히고 잠깐의 잠이 들었다. 깊은 밤 갑자기 잠에서 깨어난 나그네는 달빛이 쏟아져 침상을 비추는 모습을 보자 '땅에 내린 서리인가 했다.' 여기에서 '疑(~인가 싶어)'라는 표현은 너무 적절했다. '~인가 했다'는 바로 '착각'을 말한다. 이는 달빛이 너무 밝아 착각할 수도 있고, 또 냉기가 스며들어 착각을 일으킬 수도 있다. 그러나 이 한 구로 달빛의 청명함과 나그네의 허전함을 모두 나타내고 있다. 달빛을 '서리'라고 연상한 표현도 인상적이다. 나그네가 정신을 차려 살펴보니 밝고 흰 것은 서리가 아니라 타향의 달빛이었다. 나그네는 머리 들어 산 위의 둥근 달을 바라보다, 결국 그리운 고향을 떠올리게 된다. 그리고는 자연스럽게 고개가 숙여지고 저절로 고향을 그리게 된다. 여기서 '그리움(思)'이라는 말은 바로 시 전체의 주제이고, 중심어가 된다. '그리움'은 고향과 가족에 대한 그리움, 어린 시절에 대한 그리움, 옛 친구들에 대한 그리움, 어쩌면 앞으로의 미래에 대한 생각일 수도 있고, 세월의 무상함이나 늙어가는 인생에 대한 사념일 수도 있고, 또 우주와 인생에 대한 사념일 수도 있다. 이 구는 독자에 따라 완전히 다른 그리움, 생각, 사념을 불러일으킬 수 있다. 그래서 어떤 사람은 이 시야 말로 표현하지 못한 것이 표현된 것보다 훨씬 많고, 애써 공들인 것보다 더욱 정교하다고 했다.

아무런 수식이나 꾸밈없이 단지 고개를 들고 숙이는 동작으로 수많은 상념을 불러일으키고 있어 사람을 감동시키는 힘이 무궁하다. 자연스럽게 마음속의 정서를 전환시키는 구성이 마치 동영상을 보는 것 같다.

20

달빛 아래 홀로 술 따르며

(월하독작 月下獨酌)

이백(李白)

月下獨酌 월하독작

花間一壺酒,	화간일호주
獨酌無相親。	독작무상친
擧杯邀明月,	거배요명월
對影成三人。	대영성삼인
月旣不解飮,	월기불해음
影徒隨我身。	영도수아신
暫伴月將影,	잠반월장영
行樂須及春。	행락수급춘
我歌月徘徊,	아가월배회
我舞影零亂。	아무영령란

醒時同交歡,	성시동교환
醉後各分散。	취후각분산
永結無情遊,	영결무정유
相期邈雲漢。	상기막운한

달빛 아래 홀로 술 따르며

꽃밭 사이의 한 병 술,
함께 할 친구 없이 홀로 마시네.
술잔 들어 밝은 달님 초대하고,
그림자를 대하니 세 사람이 되었네.
달님은 본디 술 마실 줄 모르고,
그림자만 내 몸 따라 움직이네.
잠시 달님과 짝하고 그림자와 함께하여,
이 봄 가기 전에 즐겨나 볼까.
내 노래에 달님은 서성이고,
내 춤에 그림자도 따라 추네.
취하기 전엔 함께 즐기다가,
취하고 나면 제각기 흩어지리.
영원히 맺은 우리의 우정,
아득한 은하에서 다시 만나세.

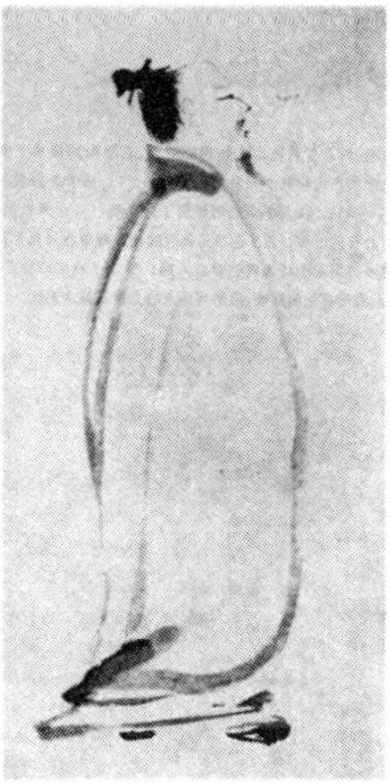

月下独酌 Yuèxià dúzhuó

花间一壶酒, Huājiān yìhújiǔ,
独酌无相亲。 Dúzhuó wú xiāngqīn.
举杯邀明月, Jǔbēi yāo míngyuè.
对影成三人。 Duì yǐng chéng sānrén.
月既不解饮, Yuè jì bú jiě yǐn,
影徒随我身。 Yǐng tú suí wǒshēn.
暂伴月将影, Zàn bàn yuè jiāng yǐng.
行乐须及春。 Xínglè xū jíchūn,
我歌月徘徊, Wǒgē yuè páihuái,
我舞影零乱。 Wǒwǔ yǐng língluàn,
醒时同交欢, Xǐngshí tóng jiāohuān,
醉后各分散。 Zuìhòu gè fēnsàn.
永结无情游, Yǒngjié wúqíng yóu,
相期邈云汉。 Xiāngqī miǎo yúnhàn.

자구풀이

1. 獨酌(독작, dúzhuó) : 홀로 술을 따름. (홀로－독) (따를－작)
2. 一壺酒(일호주, yìhújiǔ) : 술 한 병. (병－호) (술－주)
3. 相親(상친, xiāngqīn) : 서로 친하게 지냄. (서로－상) (친할－친)
4. 擧杯(거배, jǔbēi) : 잔을 듦. (들－거) (잔－배)
5. 邀明月(요명월, yāo míngyuè) : 밝은 달님을 초대함. '邀'는 '맞이하다', '초대하다'라는 뜻. (맞을－요) (밝을－명) (달－월)
6. 對影(대영, duì yǐng) : 그림자와 마주 대함. '對'는 '대함'의 뜻. (대답할－대) (그림자－영)
7. 旣(기, jì) : '이미'의 뜻이지만, 여기서는 '원래'라는 의미. (이미－기)
8. 不解(불해, bú jiě) : 이해하지 못함. 이해할 줄 모름. (아니－불) (풀－해)
9. 徒(도, tú) : 무리, 걷다, 헛되이, 다만. 여기서는 '다만'의 뜻. (무리－도)
10. 隨我身(수아신, suí wǒshēn) : 내 몸을 따름. 나를 따라다님. (따를－수) (나－아) (몸－신)
11. 暫(잠, zàn) : 잠시, 잠깐 사이. (잠시－잠)
12. 伴(반, bàn) : 짝함. (짝－반)
13. 將(장, jiāng) : 장차, 거느리다, ~와 함께. 여기서는 '~와 함께하다'라는 뜻으로 쓰임. (장차－장)
14. 行樂(행락, xínglè) : 즐김. (갈－행) (즐길－낙)
15. 須(수, xū) : 모름지기. 행위나 동작의 필요성, 필연성을 나타냄. (모름지기－수)
16. 及春(급춘, jíchūn) : 봄에 이름. 봄이 옴. 여기서 '須及春'은 '반드시 봄에 이르다', 즉 '봄아 가기 전에'라는 의미. (미칠－급) (봄－춘)
17. 我歌(아가, wǒgē) : 내 노래. (나－아) (노래－가)
18. 徘徊(배회, páihuái) : 배회함. 서성임. (노닐－배) (노닐－회)
19. 零亂(영난, língluàn): 어지럽게 움직이는 것. (조용히 오는 비－영) (어지러울－난)
20. 交歡(교환, jiāohuān) : 서로 사이좋게 사귀며 즐김. (사귈－교) (기뻐할－환)
21. 分散(분산, fēnsàn) : 이리저리 흩어짐. (나눌－분) (흩을－산)
22. 永結 (영결, yǒngjié) : 영원히 맺음. (길－영) (맺을－결)

23. 無情(무정, wúqíng) : 감정이 없다. 감정이 있는 인간에 상대한 말로, 여기서는 달과 그림자를 가리킴. (없을-무) (뜻-정)
24. 遊(유, yóu) : 명사로 쓰일 때는 벗, 친구를 뜻함. '무정유(無情遊)'는 세속의 이해관계를 초월한 친구. (놀-유)
25. 相期 (상기, xiāngqī) : 서로 기대함, 서로 약속함. (서로-상) (기약할-기)
26. 邈(막, miǎo) : 아득히 멈. (멀-막)
27. 雲漢(운한, yúnhàn) : 은하, 은하수. (구름-운) (한수-한)

감상

술과 달을 사랑했던 천재시인 이백의 낭만적인 모습과 자유분방한 품성이 그대로 드러나 있다.

꽃밭 속에 놓인 술 한 병, 밝은 달빛이 비추고 있다. 낭만적인 분위기 속에서 작자는 홀로 술을 따라 마시지만 전혀 외롭지 않다. 친구 없이 홀로 마셔도 전혀 외롭지 않은 이유는, 달님이 짝이 되고 그림자가 벗이 되어 주기 때문이란다. 본격적인 주흥이 시작된다. 술기운이 올라, 작자가 노래하면 달님은 옆에서 서성이고, 춤을 추면 그림자도 덩달아 따라 춘다. 달님에게 술 권하고 그림자와 함께 춤추는 발상에는 이백의 비범함이 엿보인다. 고독하고 쓸쓸한 술자리는 어느새 떠들썩하고 흥겹게 바뀌었다.

그러나 술이 깨면 다 흩어져 다시 고독하게 혼자가 된다. 역시 고독은 견디기 힘들어 세속의 이해관계를 초월한 달과 그림자를 저 세상에서까지도 영원히 함께 벗하자고 다짐한다. 호탕하고 낭만적인 이백의 또 다른 고독한 형상이 그려진다.

기이한 상상력과 자유분방한 행동, 유교적 세계관에 대한 과감한 도전과 이단아 기질이 어우러져 독특한 시풍을 형성했던 이백. 큰 뜻을 품었으나 재주만큼 풀리지 못했던 사람. 그의 호탕하고 낭만적인 독백 뒤에는 현실과 이상의 괴리에서 오는 모순 때문에 괴롭고 고독한 일면이 숨어 있다.

21

황학루에서 광릉으로 가는 맹호연을 전송하며

(황학루송맹호연지광릉 黃鶴樓送孟浩然之廣陵)

이백(李白)

黃鶴樓送孟浩然之廣陵

황학루송맹호연지광릉

故人西辭黃鶴樓, 고인서사황학루
烟花三月下揚州. 연화삼월하양주
孤帆遠影碧空盡, 고범원영벽공진
惟見長江天際流. 유견장강천제류

황학루에서 광릉으로 가는 맹호연을 전송하며

친구는 서쪽 황학루를 하직하고,
안개꽃 피는 삼월에 양주로 간다오.
외로운 배 그림자 푸른 허공 속에 사라지고,
보이는 건 아득히 흘러가는 장강 뿐.

黄鹤楼送孟浩然之广陵
Huánghèlóu sòng Mèng Hàorán zhī Guǎnglíng

故人西辞黄鹤楼,
Gùrén xī cí Huánghèlóu,
烟花三月下扬州.
Yānhuā Sānyuè xià Yángzhōu.
孤帆远影碧空尽,
Gūfān yuǎnyǐng bìkōng jìn,
惟见长江天际流.
Wéi jiàn Chángjiāng tiānjì liú.

자구풀이

1. 黃鶴樓(황학루, Huánghèlóu) : 호북성(湖北省) 무창현(武昌縣)의 황학산(黃鶴山)에 있는 높은 누대. (누를－황) (학－학) (누각－누)
2. 之(지, zhī) : 감. (갈－지)
3. 廣陵(광릉, Guǎnglíng) : 강소성(江蘇省) 양주(揚州)의 옛 이름. 당시 중국의 동남부에서 가장 번화했던 도시. (넓을－광) (큰 언덕－릉)
4. 故人(고인, gùrén) : 오랜 친구.
5. 辭(사, cí) : 작별하고 떠나감. (말－사)
6. 烟花(연화, yānhuā) : 안개와 꽃. 아름다운 봄 경치. (연기－연) (꽃－화)
7. 天際(천제, tiānjì) : 하늘가, 하늘 끝. (하늘－천) (사이－제)

감상

두 대시인의 이별을 그린 이 시는 청년 이백이 부푼 꿈을 안고 고향을 떠나 만유할 당시 장강 가에서 맹호연을 만난 후 헤어질 때 썼다. 여기에는 작자보다 열 살이나 많은 시인 맹호연에 대한 각별한 정이 담겨있다.

당시 맹호연은 이미 천하에 그 시명을 날리고 있었다. 그런데 이제 또 다시 번화한 도시 양주로 떠난다니 작자의 부러움과 서운함은 말로 다하기 어렵다. 작자는 당시 줄곧 촉(사천지방)에서 생활하다 처음으로 나온 터라 부러움과 서운함은 더욱 크고 애틋했다.

앞 두 구에는, 늦봄 삼월의 아름다운 풍광으로 '삼월'과 '안개 속에 핀 꽃(煙花)'이라는 시어를 사용하여, 황학루를 하직하고 떠나가는 친구의 앞날을 축복하고 있다. 송별의 시간과 지점, 인물, 사건 등 이별의 정을 서술하기 위한분위기를 조성한 것이다.

다음 두 구는 당연히 이별의 정을 묘사하는 말로 이어져야 하나, 이별의 복잡한 감정을 짧은 두 구절로 다 밝힐 수가 없다. 그래서 아예 정면으로 자신의 감정을 서술하는 대신, 허상에 붓을 대고 자신이 송별할 때 보았던 경물만을 묘사했다. "외로운 배 그림자 푸른 허공 속에 사라지고, 보이는 건 아득히 흘러가는 장강뿐". 배 그림자가 저 멀리 강과 하늘이 맞닿는 곳으로 사라질 때까지 하염없이 바라보고 서 있는 모습에 진한 아쉬움이 느껴진다.

마지막 두 구는 경관을 읊고 있지만 그 속에는 친구를 떠나보낸 작자의 동경과 석별의 아쉬운 정이 기탁돼 있다. 바로 '정경(情景)'이 교융(交融)되어 시가의 깊이를 더해준다.

22

아침에 백제성을 출발하며
(조발백제성 早發白帝城)

이백(李白)

早發白帝城 조발백제성

朝辭白帝彩雲間, 조사백제채운간
千里江陵一日還。 천리강릉일일환
兩岸猿聲啼不住, 양안원성제불주
輕舟已過萬重山。 경주이과만중산

아침에 백제성을 출발하며

이른 아침 노을사이로 백제성을 하직하고,
천리 길 강릉을 하루에 돌아왔네.
양쪽 강기슭의 원숭이 울음소리 그치지 않는데,
경쾌하게 배는 이미 만 겹산을 지났네.

早发白帝城 Zǎo fā Báidìchéng

朝辞白帝彩云间,
Zhāocí Báidì cǎi yún jiān,
千里江陵一日还。
Qiānlǐ Jiānglíng yírì huán.
两岸猿声啼不住,
Liǎng'àn yuánshēng tí bú zhù,
轻舟已过万重山。
Qīngzhōu yǐ guò wàn chóng shān.

자구풀이

1. 白帝城(백제성, Báidìchéng) : 사천성(四川省) 봉절현(奉節縣)에 있었던 성. 삼협 중의 하나 인 구당협(瞿塘峽)과 접해 있음. 한나라 말년 공손술(公孫述)이 성을 쌓고 '백제성'이라 함. 촉(蜀)나라의 유비(劉備)도 이곳에서 오나라를 막았음. (흰－백) (임금－제) (성－성)
2. 朝辭(조사, zhāocí) : 아침에 하직함. (아침－조) (말씀－사)
3. 彩雲(채운, cǎiyún) : 아침 햇빛에 붉게 물든 구름. (무늬－채) (구름－운)
4, 江陵(강릉, Jiānglíng) : 지금의 호북성 강릉현. 장강 중류의 교통요지. 그 당시 백제성에서 삼협을 지나 강릉까지의 뱃길은 1200리라고 함.
5. 啼不住(제불주, tíbúzhù) : 울음소리가 끊이지 않고 이어짐. (울－제) (살－주)
6. 萬重山(만중산, wànchóngshān) : 겹겹이 중첩해 쌓인 산. (무거울－중)

감상

이백은 55세 때(759년) 당 현종의 아들 가운데 하나인 영왕(永王) 이린(李璘)의 반란에 가담했다가 실패하여 야랑(夜郎)으로 귀양 가고 있었다. 그런데 가던 도중 뜻밖에도 백제성에 이르렀을 때 사면되었다는 소식을 들었다. 이 시는 사면 전갈을 받고 놀랍고 기뻐서 그 즉시 배를 타고 강릉으로 되돌아가며 지은 시이다.

장엄한 백제성은 아침햇살로 채색된 구름사이에 우뚝 서 있다. 시인은 흥분된 심정으로 배에 올라 강릉으로 돌아간다. 강릉으로 가기위해 지나야 하는 삼협은 길이가 700여리나 되고, 물살은 급류에다 양안에서는 구슬픈 원숭이 울음소리로 유명한 곳이다. 이 시에는 험난한 삼협의 급류를 타고 가면서도, 기쁜 마음에 어려운 줄 모르고 단숨에 내닫는 모습이 일사 천리한 시필에 약동하고 있다. 작은 돛단배는 순풍을 타고 동쪽으로 흘러가고, 호탕한 강물은 경쾌하게 흘러가는 작은 배를 밀어 보낸다. 삼협 가파른 벼랑 위 원숭이 울음소리는 끊이지 않고 귀가에 들려오는데, 배는 장풍을 타고 날듯이 전진하여, 어느새 만 겹 산을 지나고 천 리 뱃길을 뚫어 강릉성에 도착했다.

특히 '환(還)'자에는 마치 고향에 '돌아온' 듯한 기쁨이 서려있고, '경(輕)'에는 작자의 마음이 '가볍다'는 기쁜 심정이 드러나 있다. 석양은 막 서산으로 넘어가고 저녁노을은 점점 빛을 잃어갔지만 시인의 심정만은 아직도 아침에 백제성을 떠날 때처럼 경쾌하다. 당시 작자의 희열에 넘친 벅찬 감정이 잘 드러나 있고, 붓을 들어 단숨에 써내려가 읽는 사람에게 가볍고 경쾌한 맛을 느끼게 한다.

이 시의 묘미는 내용보다도 수사에 있다. 소리 내어 읽어보면 환하고 미끈하게 이어지는 정서, 하나하나의 말이 나타내는 형태와 빛깔과 무게, 또 그 의미와 배경, 거기에서 빚어내는 미묘한 맛이 이 시의 묘미라 할 수 있다.

감상

예를 들면, '백(白)'과 '채(彩)'의 색채 대비, '천(千)'과 '일(一)'의 숫자 대비, '경(輕)'과 '중(重)'의 무게 대비 등 수사상의 세심한 배려가 엿보이며, 중간에 원숭이 소리를 삽입하여 변화를 가져왔다. 또 제1구에는 시각의 세계를 묘사하다가, 제3구는 청각의 세계로 옮겨가는 솜씨가 역시 대가의 손끝에서 나온 작품답게 탁월하게 느껴진다.

23

여산폭포를 바라보며

(망려산폭포 望廬山瀑布)

이백(李白)

望廬山瀑布 망려산폭포

日照香爐生紫煙, 일조향로생자연
遙看瀑布掛前川。 요간폭포괘전천
飛流直下三千尺, 비류직하삼천척
疑是銀河落九天。 의시은하낙구천

여산폭포를 바라보며

향로봉에 해 비쳐 붉은 안개 피어나고,
멀리 본 폭포는 앞 냇물처럼 걸려 있네.
날아 흘러 곧장 삼천 척 내려가니,
구만 리 하늘에서 떨어진 은하수인가

望卢山瀑布 Wàng Lúshān pùbù

日照香炉生紫烟,
Rì zhào Xiānglú shēng zǐyān,
遥看瀑布挂前川。
Yáokàn pùbù guà qiánchuān.
飞流直下三千尺,
Fēiliú zhíxià sānqiānchǐ,
疑是银河落九天。
Yíshì Yínhé luò jiǔtiān.

자구풀이

1. 廬山(여산, Lúshān) : 강서성(江西省) 구강시(九江市) 남쪽에 있는 산으로, 기이한 봉우리 와 폭포 및 오래된 절이 많음. 보는 장소에 따라 아름다움이 시시각각 변한다고 함. (오두막집-여) (뫼-산)
2. 香爐(향로, Xiānglú) : 여산의 한 봉우리 이름. 향로봉. 생김새가 향로와 비슷하다고 하여 붙여진 이름. (향기-향) (화로-로)
3. 紫烟(자연, zǐyān) : 자주빛 안개. (자주빛-자) (연기-연)
4. 九天(구천, jiǔtiān) : '구만리장천(九萬里長天)'의 준말.

감상

여산 향로봉 폭포는 예로부터 명성이 자자한 곳이다. 그 까닭은 폭포 자체의 아름다움이나 장관 말고도 사람을 감탄하게 만드는 이백의 이 시 때문이다.

여산을 유람하다 멀리 폭포가 흘러내리는 것을 발견하고, 먼 곳에서 관망한 폭포의 장관을 마치 '냇물이 걸려' 있는 것 같고, '은하수에서 떨어지는' 것 같다는 생동감 넘치는 비유를 하여 이 시의 재미를 느끼게 한다.

첫 구에는 장엄한 폭포를 묘사하기에 앞서 향로봉에 피어오르는 채색안개를 그려 배경을 아름답게 꾸며놓았다. 높은 향로봉 정상의 자욱한 안개구름이 햇빛을 받자, 마치 향로에서 붉은 연기가 모락모락 피어오르는 것 같다는 것이다.

작자는 붉은 안개구름 아래 흘러내리는 폭포를 멀리서 바라보고는 '눈앞에 냇물이 걸려 있다'고 비유했고, 또 높은 구름에서 곧장 아래로 흘러내리는 폭포는 그 기세가 어찌나 거센지 한 번에 삼 천척이나 아래로 떨어진다고 했다. 특히 '비류(飛流)'는 폭포가 흘러내리는 생생한 동태 표현이며, '직하(直下)'는 산세가 급하고 험준하여 폭포수의 흐름이 급하다는 것을 형상적으로 나타낸 말이다. '삼천 척'도 '백발삼천장(白髮三千丈)'식 이백 특유의 대과장이지만 전혀 과장이 아닌, 오히려 높은 하늘에서 떨어지는 웅장한 기세를 눈앞에 연상시킨다.

폭포 끝을 올려 보던 작자는 또 기묘한 상상을 한다. 이것은 분명 천상의 은하가 인간세계로 떨어진 것이리라. 폭포의 기세에 감동하여 다시 폭포를 은하수에 빗대어 형상화시켰다. 생동감 넘치는 기발한 상상은 정말 감탄을 자아내게 한다. 시가 이에 이르니 마치 그 은백색 폭포가 내려오면서 떨어질 때 바위에 부딪히며 내는 폭포수의 굉음소리가 들려오는 것 같다. 폭포하면 이백의 이 '여산폭포'를 첫 손가락으로 꼽는 이유는 폭포의 기세를 일사천리로 서술한 작자의 기량 때문이리라.

24

선주 사조루에서 교서랑 아저씨 이운을 전별하며(선주사조루전별교서숙운 宣州謝朓樓餞別校書叔雲)

이백(李白)

宣州謝朓樓餞別校書叔雲

선주사조루전별교서숙운

棄我去者,	기아거자
昨日之日不可留。	작일지일불가류
亂我心者,	난아심자
今日之日多煩憂。	금일지일다번우
長風萬里送秋雁,	장풍만리송추안
對此可以酣高樓。	대차가이감고루

蓬萊文章建安骨,	봉래문장건안골
中間小謝又淸發。	중간소사우청발

俱懷逸興壯思飛, 구회일흥장사비
欲上青天覽明月。 욕상청천람명월

抽刀斷水水更流, 추도단수수경류
擧杯消愁愁更愁。 거배소수수경수
人生在世不稱意, 인생재세불칭의
明朝散髮弄扁舟。 명조산발농편주

弃我去者 昨日之日不可留
乱我心者 今日之日多烦忧

선주 사조루에서
교서랑 아저씨 이운을 전별하며

나를 버리고 떠나간
어제라는 날은 붙잡을 수 없고,
나의 마음을 어지럽히는
오늘이란 날은 근심이 많기도 하여라.
만 리 세찬 바람은 가을 기러기 보내오고,
이를 대하니 높은 누각에서 취할 만하구나.

한나라 봉래의 문장이나 건안 시인들의 풍골,
중간에는 또 사조의 청신하고 발랄함.
모두들 빼어난 감흥으로 장쾌한 사상 날렸으니,
푸른 하늘로 올라가 밝은 달을 잡으려 했네.

칼 뽑아 강물 끊어도 강물은 다시 흘러가듯,
술잔 들어 시름 씻어도 시름 더욱 시름겹네.
인생은 세상에서 뜻대로 되지 않으니,
내일 아침 머리 풀고 일엽편주 노를 저으려네.

宣州谢脁楼饯别校书叔云
Xuānzhōu Xiètiǎolóu jiànbié jiàoshū shú Yún

弃我去者,	Qìwǒqùzhě,
昨日之日不可留。	Zuórìzhīrì bù kě liú.
乱我心者,	Luànwǒxīnzhě,
今日之日多烦忧。	Jīnrìzhīrì duō fányōu.
长风万里送秋雁,	Chángfēng wànlǐ sòng qiūyàn,
对此可以酣高楼。	Duìcǐ kěyǐ hān gāolóu.
蓬莱文章建安骨,	Pénglái wénzhāng Jiàn'āngǔ,
中间小谢又清发。	Zhōngjiān xiǎo Xiè yòu qīngfā.
俱怀逸兴壮思飞,	Jù huái yìxìng zhuàngsī fēi,
欲上青天览明月。	Yù shàng qīngtiān lǎn míngyuè.
抽刀断水水更流,	Chōudāo duànshuǐ shuǐ gèng liú,
举杯消愁愁更愁。	Jǔbēi xiāochóu chóu gèng chóu.
人生在世不称意,	Rénshēng zàishì bù chènyì,
明朝散发弄扁舟。	Míngzhāo sànfà nòng biǎnzhōu.

자구풀이

1. 宣州(선주, Xuānzhōu) : 지금의 안휘성(安徽省) 선성현(宣城縣)을 말함. 산수가 깨끗한 곳으로 유명. (베풀－선) (고을－주)
2. 謝朓樓(사조루, Xiètiǎolóu) : 남조 제(齊)나라 때 시인 사조(謝朓, 464~499)가 선주(宣州) 태수를 지낸 일이 있는데, 후에 이곳에 누각을 세워 '사조루'라고 불렀음. 이백은 사조의 청려하고 섬세한 감각의 산수시를 경애하였음. (사례할－사) (그믐달－조) (다락－루)
3. 餞別(전별, jiànbié) : 주연을 베풀며 송별함. (전별할－전) (나눌－별)
4. 校書(교서, jiàoshū) : 궁중 도서의 정리와 교감을 담당하는 비서성(秘書省)의 교서랑(校書 郎)을 가리킴. (학교－교) (쓸－서)
5. 者(자, zhě) : '~것', 곧 명사화 시켜 사물을 말함. (놈－자)
6. 長風(장풍, chángfēng) : 만 리 밖까지 부는 거센 바람. (길－장) (바람－풍)
7. 酣(감, hān) : 술자리의 흥이 고조됨. (즐길－감)
8. 蓬萊(봉래, Pénglái) : 당송의 학자들은 궁중의 도서관인 비서성(秘書省)을 봉산(蓬山), 또는 봉각(蓬閣)이라고 불렀음. 여기서는 이운(李雲)이 비서성의 교서랑으로 있었기 때문에 그를 가리키는 말. (쑥－봉) (명아주－래)
9. 建安骨(건안골, Jiàn'āngǔ) : 건안은 후한 말 헌제(獻帝)의 연호(196~220)인데, 이 때 시단을 주도하던 조씨 삼부자(조조, 조비, 조식)와 건안칠자(建安七子)가 쓴 시가의 풍격을 건안풍골(建安風骨)이라고 함. 이들은 모두 당시 삼국시대의 혼란한 세태 속에서 민생의 고통을 반영하며 비분강개한 어조로 시를 썼음. 이러한 풍격을 건안풍골이라 함. (세울－건) (편안할－안) (뼈－골)
10. 中間(중간, zhōngjiān) : 후한 말의 건안 연간과 이 시를 쓰는 당나라의 중간을 뜻함.
11. 小謝(소사, xiǎo Xiè) : 남조의 송(宋)나라 시인 사령운(謝靈運, 385~433)을 '대사(大謝)' 라 하고, 제(齊)나라의 사조(謝朓, 464~499)를 '小謝' 라 부름.
12. 清發(청발, qīngfā) : 청신하고 발랄한 시풍. (맑을－청) (쏠－발)
13. 俱懷(구회, jùhuái) : 다 함께 품다. 건안의 시인과 사조, 나아가서 이운과 이백 자신을 지칭하는 것으로 볼 수 있다. (함께－구) (품을－회)

14. 逸興(일흥, yìxìng) : 자유분방하고 빼어난 감흥. (달아날－일) (일어날－흥)
15. 壯思飛(장사비, zhuàngsīfēi) : 장쾌한 느낌을 주는 시상(시의 경계)이 펼쳐지다. (씩씩할－장) (생각할－사)(날－비)
16. 攬(람, lǎn) : 잡다. (잡을－람)
17. 抽(추, chōu) : 뽑다, 빼다. (뺄－추)
18. 消愁(소수, xiāochóu) : 근심을 없애다. (사라질－소) (근심－수)
19. 不稱意(불칭의, bùchènyì) : 뜻대로 되지 않다. (일컬을－칭) (뜻－의)
20. 散髮(산발, sànfà) : '머리를 풀어헤치다'는 말은, 머리를 묶고 관을 쓰는 관료생활을 하지 않겠다는 의미. 즉 자유인으로 살겠다는 의지. (흩을－산) (터럭－발)
21. 弄(농, nòng) : 노를 젓다. (희롱할－농)
22. 扁舟(편주, biǎnzhōu) : 조각배. (넓적할－편) (배－주)

감상

천보 말년(755년) 이백의 나이 55세 선성에 머물 때, 사조루에서 친척 아저씨인 교서랑 이운을 전별하며 지은 시이다. 당시 이운은 여러 인사들의 모함을 받고 정치적 조우를 맞은 때였다. 이 시에서 이백은 이운을 송별하면서 자신의 회재 불우함을 슬퍼하고, 이상과 현실의 첨예한 모순 속에 고민하는 자신의 모습을 표현했다. 사실 이백은 장안을 떠난 후 세상을 살아가는 정열이 좌절되어 답답하고 절망스러웠으며, 한편으론 억매이지 않고 자유롭게 살고 싶은 욕망으로 마음에는 모순과 갈등이 치열했다. 이 시에는 그런 내면모습이 잘 나타나 있다.

'어제(昨日)'와 '오늘(今日)'을 대비시켜, 어제라는 과거는 아무런 공적도 없이 지나가 버려 잡을 수 없고, 오늘이라는 현실은 정치적으로 모함이 난무하는 터라 시름이 끊이질 않는다.

마음이 이러하니 높은 누각에 올라 탁 트인 사방을 바라보며 취해볼 만도 하다. 생각해보니 장대한 포부와 뛰어난 재주는 푸른 하늘의 해와 달이라도 붙잡을 것 같았으나 어느 하나 뜻대로 이루어지지 않았다. 포부를 펼칠 수 없기에, 칼 들어 물을 베어도 물을 다시 흐르고, 잔 들어 시름을 녹여도 시름 더욱 시름겹다. 부질없는 몸짓은 이제 다 그만두리라. 범려(范蠡)가 조각배를 타고 강호에서 놀았던 것처럼, 이제 그만 방황하고 머리 풀어 헤치고 저 넓은 세상으로 노 저어 가겠노라 다짐한다. 현실세계와 이상세계에서 방황하다 결국 속세를 떠나 자유인으로 귀속되고자하는 이백의 내심을 멋지게 표현했다.

25

추포의 노래(추포가 秋浦歌)

이백(李白)

秋浦歌 추포가

白髮三千丈, 백발삼천장
緣愁似箇長。 연수사개장
不知明鏡裏, 부지명경리
何處得秋霜。 하처득추상

추포의 노래

백발삼천장은,
시름 때문에 이처럼 길어졌다오.
알 수 없네, 거울 속 저 모습,
어디에서 가을 서리 얻어왔는지.

秋浦歌 Qiūpǔgē

白发三千丈,
Bái fà sān qiān zhàng,
缘愁似个长。
Yuán chóu sì gè cháng.
不知明镜里,
Bù zhī míng jìng lǐ,
何处得秋霜。
Hé chù dé qiū shuāng.

자구풀이

1. 秋浦(추포, Qiūpǔ) : 지금의 안휘성 귀지현에 있는 포구. 만년의 이백이 좋아한 곳으로 여기서 17수의 「추포가」를 지었다. 이 시는 그 중 15번째 것. (가을－추) (개－포)
2. 三千丈(삼천장, sānqiānzhàng) : 1'장(丈)'은 10척(尺). 1척은 약30센티미터. 여기서 '삼천 장'은 백발의 길이가 길다는 과장된 표현. (어른－장)
3. 緣(연, yuán) : ~때문으로. (가선－연)
4. 似箇(사개, sìgè) : 이와 같이, 이렇게. '여차(如此)'와 같은 뜻임. (같을－사) (낱－개)

감상

작자가 만년에 자신의 지치고 노쇠한 심신을 한탄하며, '백발삼천장'이라는 대담한 과장과 강물에 비친 백발을 '가을 서리'에 비유하여 자아를 형상화시켰다. 참신한 발상이 이백 시의 백미로 손꼽힌다.

'백발삼천장'이란 말은 작자 내면의 설움을 단적으로 표현한 것이다. 우리는 중국 사람들의 허풍이나 심한 과장을 말할 때 보통이 '삼천장'을 얘기하지만 작자는 단순한 과장으로 한 말이 아니다. 어느 날 거울처럼 맑은 강물에 비친 자신의 백발을 보고 놀란 심경을 대변한 표현이다. '허옇다'는 말을 아무리 써봐야 자기가 놀란 순간의 심정을 다 표현할 수 없었기에 '삼천장'이란 말로 형용한 것이리라.

또한 하얀 '가을 서리'로 '백발'의 자아를 대변하며 노년의 슬픔을 노래했다. '시름' 때문에 길어진 백발은 한 평생 큰 뜻을 품고 있었지만 세상에서 뜻을 얻지 못하고 치욕과 고통으로 살아온 삶에 대한 한탄이다.

자유분방한 열정과 낭만적인 색채로 치장했던 이백의 한탄소리가 왠지 쓸쓸하게 느껴지는 시이다. 그의 작품에 그림자처럼 따라다니는 술과 달도 보이지 않으니 그도 늙음 앞에서는 무력할 수밖에 없었던 모양이다. 이 시를 쓰고 나서 몇 년 뒤 그는 생을 마감했다.

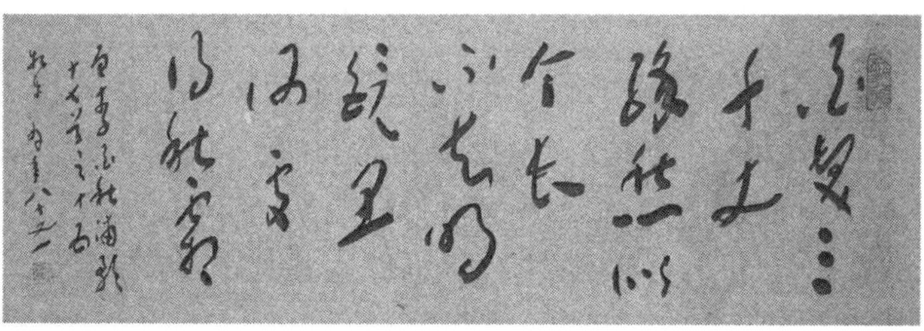

26

달밤에(월야 月夜)

두보(杜甫)

두보(杜甫, 712~770)

이백과 쌍벽을 이루며 '시성(詩聖)'으로 추앙받는 시인. 자는 자미(子美)이고 공현(鞏縣)에서 태어났으나, 원적은 호북 양양(襄陽)이다. 초당사걸 중의 한 사람인 두심언(杜審言)이 조부이다. 공명에 대한 강렬한 욕망으로 24세에 과거에 응시했지만 실패하고, 34세까지 10년 동안 제, 월, 낙양 등지를 두루 돌아다녔다. 그 후 35세에 다시 세상을 바로잡겠다는 큰 뜻을 품고 10년 동안 장안근교의 소릉(少陵)에서 궁핍하게 살며 벼슬길을 찾았다. 그는 권력자를 찾기도 하고, 세 차례에 걸쳐 왕에게 표문을 올리기도 하여 나이 44세에 겨우 솔부참군(率府參軍)이라는 미관말직을 얻었다. 그러나 이듬해 안사의 난이 일어나(755) 새로 즉위한 숙종을 찾아가다 반군에 잡혀 장안에서 9개월 간 구금 생활을 하고 풀려나 좌습유(左拾遺)라는 벼슬을 얻었지만, 1년 후 화주(華州)로 좌천되어 사공참군(司功參軍)이 되었다. 그러나 그 지방에 기근이 들어 살아갈 수 없자 벼슬을 사임하고 떠돌다 48세에 사천성 성도에 이른다. 성도에서는 절도사 엄무(嚴

武)의 도움으로 절도참모를 지냈고, 또 마지막 관직인 검교공부원외랑(檢校工部員外郞)이라는 비교적 높은 벼슬도 하여, 이 때문에 세칭 '두공부(杜工部)'라고도 부른다. 성도에서의 3년은 비교적 평화롭고 행복한 시기였다. 그러나 엄무가 죽자 다시 성도를 떠나 기주(夔州)에서 삼협을 거쳐 호북과 호남을 유랑하다 가난과 병환으로 59세의 나이로 상강(湘江)의 배위에서 죽었다.

이렇듯 평생을 정치적 좌절과 가난 속에서 떠돌아 다녀 그의 시풍은 침울한 색채를 지녔지만, 독보적인 경지를 개척하여 '시의 성인(詩聖)'이라는 칭호를 들었다. 또한 삶 자체가 격동의 시대 상황과 맞물려, 자신이 체험한 사회변천, 아픔과 병폐, 백성들의 고통 등 현실을 치밀한 언어로 충실하게 그렸기 때문에 '시사(詩史)'라는 칭호도 붙였다. 『두공부집』에 1,457여수의 시가 실려 있지만, 현실을 반영한 사회시만 제한을 덜 받는 고시로 썼고, 나머지 약 천여 수는 율시로 이루어졌다. 때문에 그는 율시의 왕자로 평가된다. 더구나 적확하고 치밀한 언어가 빚어내는 정서는 어떤 시인의 추종도 불허한다.

그는 '표현이 사람을 놀라게 하지 않으면 죽어도 그만둘 수 없다(語不驚人死不休)'는 시가표현정신을 천명했다. 시어 한 자 한 자에 심사숙고하였고, 엄격한 시율을 지키면서 치밀한 구성을 하여 자신의 사상과 감정을 율시에 담았다. 때문에 가장 엄격하고 까다로운 율시는 두보에 의해 본격적인 성과와 면모를 갖추게 되었다. 또한 『시경』을 비롯해 모든 시인들의 장점을 따서 제 것으로 '집대성'하여 후세의 시가에 새로운 지평을 열어주었다. 때문에 전통의 좋은 계승자이면서 앞으로의 길을 열어준 개척자인 셈이다.

두보는 가족을 사랑하고, 형제를 사랑하고, 고통 받는 백성을 사랑하여, 항상 인간애가 풍부한 휴머니스트로서 공자로부터 이어지는 중국 휴머니즘의 전통을 시가에다 구현했다 할 수 있다.

月夜 월야

今夜鄜州月, 금야부주월
閨中只獨看。 규중지독간
遙憐小兒女, 요련소아녀
未解憶長安。 미해억장안
香霧雲鬟濕, 향무운환습
清輝玉臂寒。 청휘옥비한
何時倚虛幌, 하시의허황
雙照淚痕乾。 쌍조루흔건

달밤에

오늘밤 부주에 뜬 저 달을
아내는 홀로 바라보고 있으리라.
멀리서 어린자식들 가여워하나니,
장안 그리는 엄마 마음 아직 이해 못하리.
밤안개에 구름 같은 쪽 찐 머리 젖고,
맑은 저 달빛 아래 옥 같은 팔 차가우리.
어느 때나 얇은 휘장에 기대어,
함께 달빛 받으며 눈물 자욱 말릴까?

月夜 Yuèyè

今夜鄜州月，	Jīnyè Fūzhoū yuè,
闺中只独看。	Guīzhōng zhǐ dú kān.
遥怜小儿女，	Yáolián xiǎo'érnǚ,
未解忆长安。	Wèi jiě yì Cháng'ān.
香雾云鬟湿，	Xiāngwù yúnhuán shī,
清辉玉臂寒。	Qīnghuī yùbì hán.
何时倚虚幌，	Héshí yǐ xūhuàng,
双照泪痕干。	Shuāngzhào lèihén gān.

자구풀이

1. 鄜州(부주) : 지금의 섬서성 부현(鄜縣), 당시 두보의 집이 여기에 있었음. (고을 이름－부) (고을 이름－주)
2. 閨中(규중) : 부인이 기거하는 방. 내실. 여기서는 두보의 아내를 가리킨다. (도장방－규)
3. 小兒女(소아녀) : 어린 자식들, 당시 두보는 2남 2녀가 있었음. (작을－소) (아이－아) (계집－녀)
4. 未解(미해) : 이해하지 못하다. (아닐－미) (풀－해)
5. 憶長安(억장안) : 장안을 그리워하는 것.(기억할－억)
6. 香霧(향무) : 향긋한 안개. '香'은 미칭(美稱)임. (향기로울－향) (안개－무)
7. 雲鬟(운환) : 여자의 쪽진 머리를 구름에 비유하여 하는 말. (구름－운) (쪽진머리－환)
8. 淸輝(청휘) : 맑고 고운 달빛. (맑을－청) (빛날－휘)
9. 玉臂(옥비) : 옥 같이 고운 팔. (옥－옥) (팔뚝－비)
10. 倚(의) : 기댐. (의지할－의)
11. 虛幌(허황) : 얇은 휘장. '허(虛)'는 '달빛이 통과할 정도로 얇고도 투명한'이라는 뜻. 즉 요즈음의 얇은 커튼 같은 것을 말함. (빌－허) (휘장－황)
12. 雙照(쌍조) : 두 사람이 함께 달빛을 받다. (두－쌍) (비출－조)
13. 淚痕(누흔) : 눈물 자국. (눈물－루) (흉터－흔)
14. 乾(건) : 마르다. (마를－건)

감상

두보(45세)가 안록산 반란군의 포로로 잡혀 장안에 억류돼 있을 때, 부주(鄜州)에 있는 처자를 그리며 쓴 시이다. 천보 15년(756년) 여름, 난이 나자 두보는 가족을 부주에 피난시켜 놓고, 자신은 숙종이 영무(靈武)에서 즉위했다는 소식을 듣고 영무로 가는 도중 반란군에 잡혀 장안에서 9개월 동안 억류되었었다. 이 시는 그 해 가을 장안에서 부주에 있는 가족들을 생각하며 지은 것이다.

두 사람은 달을 매개체로 하여 서로 생사를 모르고 있다. 철없는 자식들은 자기 엄마가 남편에 대한 그리움과 소식이 궁금하여 잠을 이루지 못하고 뜰에 나와 서성이는 것도 이해하지 못하고 깊은 잠에 빠져 있다.

전란 속에서 남편 없이 혼자 어린 자식들을 데리고 고생하는 아내와 자식들 생각에 그리움과 연민이 밀려온다. 달밤에 아내를 그려보니 아내에 대한 기억은 아름답기만 했다. '안개에 촉촉이 젖은 타래머리'는 밤안개에 머리가 젖을 정도로 오랫동안 밖에서 달님을 쳐다보고 있을 아내의 모습을 상상한 것이고, '옥 같은 팔 시리리라' 역시 오랜 시간을 달빛 아래 서 있음을 묘사한 말이다. 아내를 묘사하는 시어들은 두보만이 절감하는 아내의 체취를 그린 표현들이다. 사대부인 두보가 아내에 대한 애정을 이렇게 표현해 낸 것은 당시의 사회상으로 볼 때 매우 파격적인 표현이라 할 수 있다. 두보는 확실히 아내를 사랑하고, 자식을 아끼고, 동생을 그리워하는 인간애 물씬 풍기는 사람임을 느낄 수 있다. 사실은 이 시를 지을 당시 그의 아내와 자식들은 가난으로 심한 고통을 겪었고, 굶주림 끝에 아들 하나가 죽었다.

두보는 가을 밤 달빛 속에서 아내를 떠올리고 시심을 내었지만, 이 시의 묘미는 자신의 모습을 읊은 게 아니라, 아내가 홀로 저 달을 보며 자신을 그리워하고 있으리라는 상상을 그려낸 데 있다.

감상

수련에 사용된 '獨(혼자)'자가 두 사람의 현재 모습이라고 한다면 앞으로의 해후를 바라는 이미지는 마지막 연의 '雙(함께)'이라고 하겠다. 언젠가 다시 만나 달빛을 받으며 함께 단란하게 정담을 나누고 싶다는 강한 열망이 '雙照'라는 시어로 잘 형상화되고 있다. 처음과 끝이 교묘하게 호응하는 '수미상응(首尾相應)'을 이뤄 구성의 치밀함을 보여준다.

27

봄은 왔는데(춘망 春望)

두보(杜甫)

春望 춘망

國破山河在,　　국파산하재,
城春草木深。　　성춘초목심,
感時花濺淚,　　감시화천루,
恨別鳥驚心。　　한별조경심.
烽火連三月,　　봉화연삼월,
家書抵萬金。　　가서저만금.
白頭搔更短,　　백두소갱단,
渾欲不勝簪。　　혼욕불승잠.

봄은 왔는데

나라는 깨어져도 산하는 여전하여,
장안성은 봄이 되니 초목이 우거졌네.
시국이 서러워 꽃을 봐도 눈물 나고,
이별이 애달파 새소리에도 마음 놀라네.
봉화불 연이어 석 달을 타오르니,
고향소식 한 통은 만금의 가치가 있네.
흰머리는 긁어서 더욱 짧아져,
이제는 비녀도 이기지 못하겠네.

春望 Chūnwàng

国破山河在，　Guópè shānhé zài,
城春草木深。　Chéngchūn cǎomù shēn.
感时花溅泪，　Gǎnshí huā jiànlèi,
恨别鸟惊心。　Hànbié niǎojīngxīn.
烽火连三月，　Fēnghuǒ lián sānyuè,
家书抵万金。　Jiāshū dǐ wànjīn.
白头搔更短，　Báitóu sāo gèng duǎn,
浑欲不胜簪。　Hún yù bú shèng zān.

자구풀이

1. 城(성, chéng) : 장안을 가리킴. 춘추전국시대 이래로 중국의 도시는 성벽으로 에워싸여 있었기 때문에 이때부터 '성'이라는 글자는 '도성'을 뜻하게 되었음. (재－성)
2. 深(심, shēn) : 깊어짐. 우거짐. (깊을－심)
3. 時(시, shí) : 시국. 그 당시의 정세를 말함. (때－시)
4. 濺淚(천루, jiànlèi) : 눈물을 흩뿌림. (흩뿌릴－천, 눈물－루)
5. 烽火(봉화, fēnghuǒ) : 전란 따위를 알리기 위해 봉수대에서 올리는 횃불. 여기서는 전란 을 뜻함. (봉화－봉)
6. 三月(삼월, sānyuè) : 석 달. 삼 개월. 즉 온 봄을 뜻함.
7. 家書(가서, jiāshū) : 가족의 편지. 집 소식을 알리는 편지.
8. 抵(저, dǐ) : ~에 해당함, ~에 상당함. ~에 맞먹음. (막을－저)
9. 搔(소, sāo) : 긁다. (긁을－소)
10. 短(단, duǎn) : 늙어 더 이상 긴 머리가 나지 않음. (짧을－단)
11. 渾(혼, hún) : 거의. 전혀. (흐릴－혼)
12. 不勝(불승, búshèng) : 이겨내지 못함. 견디지 못함. (이길－승)
13. 簪(잠, zān) : 비녀. 여기서는 남자의 상투가 풀어지지 않게 하는 '동곳'을 말함. (비녀－잠)

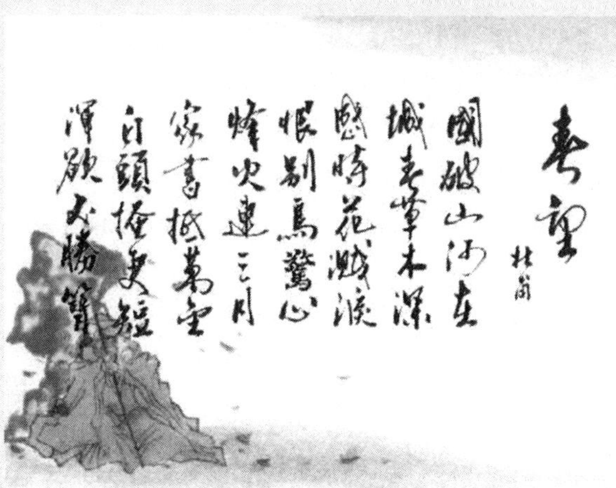

감상

두보의 나이 46세(757년), 장안에 억류되어 이듬해 봄을 맞고 읊은 시이다. 「월야」를 지은 이듬해 봄의 작품이다.

안록산의 반란군이 장안까지 쳐들어오자, 현종은 장안성을 버리고 피난길에 올랐고 장안성은 반란군의 수중에 떨어졌다. 봄날을 맞이하여 높은 곳에 올라 장안을 바라보니, 9개월 동안이나 반군에게 짓밟힌 장안은 황폐하게 변해 있었다.

첫 구에서 '나라는 망했어도(國破)' '산하는 남아있다(山河在)'고 하여, 깨어짐과 남아있음을 대비시켜 전란을 부각했다. 뒤 구에서는, 그래도 장안성에 봄날은 어김없이 찾아와 온통 '초목만이 무성하게 우거졌다'고 노래하여 장안의 황폐함을 강조했다.

둘째 연은 시국의 어지러움으로 봄날에 핀 꽃을 보아도 눈물이 흐르고, 즐거워야 할 새소리에도 가슴이 놀란다는 말로, 전란으로 인한 심리적 고통을 대변했다. 이 시구를 '시국을 서러워하니 꽃도 눈물 흘리고, 이별을 한스러워하니 새도 가슴 저린다'라고 꽃과 새를 의인화하여 해석하기도 한다.

셋째 연은 전쟁이 오랫동안 계속됨을 나타냈다. 전쟁의 신호인 봉화불이 벌써 삼 개월째 계속되고 있으니, 이산가족에게 집안소식을 전해주는 편지가 있다면 그 가치는 만금에 해당할 것이라는 표현에는 진한 가족애와 인간애가 묻어난다.

넷째 연은 시인의 초조하고 근심하는 마음상태를 묘사하고 있다. '흰머리(白頭)'는 '늙음'의 상징으로, 전란으로 인한 시름은 머리를 허옇게 만들었다. 게다가 마음이 초조하여 머리를 긁적이니 긁을수록 흰머리는 더욱 빠져, 이젠 비녀조차 꽂지 못한다. 갈수록 깊어지는 시름이 느껴진다.

감상

이 시는 엄격한 율시의 규율을 지키면서 작자의 내면정서를 정제된 언어로 그려낸 수작이다. 전편에 흐르는 침울한 분위기는 나라를 사랑하는 열정, 가족을 그리워하는 애절함, 전쟁의 참상으로 가슴아파하는 시인의 참담한 마음을 아프게 전해 주고 있다.

28

절구 2수(絕句 二首)

두보(杜甫)

絶句二首 절구 2수

(一)

遲日江山麗, 지일강산려
春風花草香. 춘풍화초향
泥融飛燕子, 니융비연자
沙暖睡鴛鴦. 사난수원앙

(二)

江碧鳥逾白, 강벽조유백
山靑花欲燃。 산청화욕연
今春看又過, 금춘간우과
何日是歸年。 하일시귀년

절구 2수

(1)

긴긴 해 강산은 고와,
봄바람 불자 향긋한 꽃내음.
진흙이 풀려 제비 날아다니고,
모래 벌 따사로워 졸고 있는 원앙.

(2)

파란 강물에 새는 유난히 희고,
푸른 산 빛에 꽃은 불붙는다.
올 봄도 보는 동안 또 지나가니,
언제일까 고향에 돌아갈 해는?

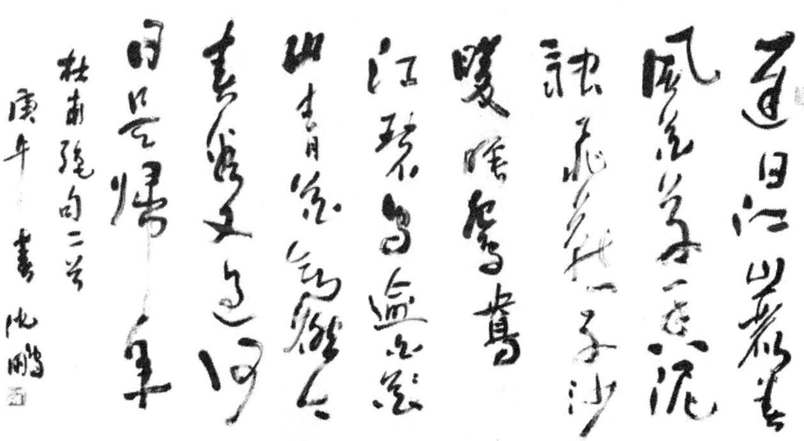

绝句 2首 Juéjù èrshǒu

(一)

迟日江山丽, Chí rì jiāngshān lì,
春风花草香。Chūn fēng huācǎo xiāng.
泥融飞燕子, Ní róng fēi yànzǐ,
沙暖睡鸳鸯。Shā nuǎn shuì yuānyāng.

(二)

江碧鸟逾白, Jiāng bì niǎo yú baí,
山青花欲燃。Shān qīng huā yù rán.
今春看又过, Jīn chūn kàn yòu guò,
何日是归年。Hé rì shì guī nián.

자구풀이

1. 遲日(지일, chírì) : 봄날. (늦을－지)
2. 泥融(니융, níróng) : 진흙이 풀림. 즉 봄이 되면 날씨가 따뜻해져 겨울동안 얼었던 땅이 녹아 풀어지는 것을 말함. (진흙－니) (화할－융)
3. 碧(벽, bì) : 푸른 옥빛. (푸른 옥－벽)
4. 欲(욕, yù) : 점차 ~하려 함. 어떤 사실에 접근해 간다는 뜻. (하고자할－욕)

감상

제목은 따로 없이 다만 절구라고만 표시돼 있다. 764년(53세) 봄, 성도에서 지은 작품이다.

첫 번째 시는 타향에서 맞는 봄 풍경을 그리고 있다. 부드러운 햇빛, 따스한 바람, 들판의 푸르름과 짙은 꽃향기, 봄날의 강산은 이렇게 산뜻하다. 부드러움 속에 온갖 생명이 잉태되고 약동한다. 제비는 보드라운 흙으로 집짓기에 바쁘고 쌍쌍이 노니는 원앙도 봄의 향연을 만끽하여 노곤한 잠에 빠져 있다. '제비'는 '동(動)'적이고, '원앙'은 '정(靜)'적이다. 정교한 대구로 동과 정이 대비를 이루었다. 생명이 살아나는 봄, 시인의 가슴에도 봄이 이는 듯하다.

두 번째 시 역시 같은 해 완화초당에서 쓴 작품으로 완벽한 대구를 구사한 절구이다. 생명이 약동하는 봄이라는 계절을 시각적 대비를 통해 강조하고 있다. 푸른 강물에서 노니는 백조의 흰 빛깔과 꽃이 피려고 붉게 물드는 청산의 모습. 푸른빛과 흰 빛, 붉은 빛의 대비가 정연하다. 산 빛이 너무 푸르러 그 사이 핀 꽃은 활활 타오르는 것 같다. 아! 이 아름다운 봄철도 바라보고 있는 가운데 벌써 다 지나가고 있으니, 내 고향으로 돌아갈 날은 도대체 언제나 될까. 아름다운 봄 풍경과 고향을 그리는 애끊는 심정이 잘 그려져 있다.

29

절구(絕句)

두보(杜甫)

絶句 절구

兩個黃鸝鳴翠柳,	양개황리명취류,
一行白鷺上靑天。	일행백로상청천.
窗含西嶺千秋雪,	창함서령천추설,
門泊東吳萬里船。	문박동오만리선.

절구

꾀꼬리 한 쌍 푸른 버들가지에서 지저귀고,
한 떼의 백로 푸른 하늘로 날아오르네.
창 앞에는 민산의 천년설 우뚝하고,
문 밖에는 만 리 밖 동오에서 온 배들 정박해 있네.

绝句 Juéjù

两个黄鹂鸣翠柳, Liǎnggè huánglí míng cuìliǔ,
一行白鹭上青天。Yìháng báilù shàng qīngtiān.
窗含西岭千秋雪, Chuāng hán Xīlǐng qiānqiūxuě,
门泊东吴万里船。Mén bó dōng Wú wànlǐchuán.

자구풀이

1. 이 시는 광덕2년(764년) 작자 53세 때 성도(成都)에서 지은 작품으로 모두 4수인데, 이 시는 제3수임.
2. **黃鸝**(황리) : 꾀꼬리. (누를－황) (꾀꼬리－리)
3. **西嶺**(서령) : 성도(成都) 서쪽에 있는 민산(山)을 가리킴. (재－령)
4. **千秋雪**(천추설) : 천 년이 지나도록 녹지 않은 빙설로, 설산을 말함.
5. **東吳**(동오) : 삼국 시대 오나라 지역인 장강 하류의 동쪽을 말함. (동녘－동) (나라 이름－오)
6. **萬里船**(만리선) : 촉(작자가 있는 성도지방)에서 오까지의 거리가 뱃길로 수 천리인데, 이를 '만리선'이라고 표현함. (일만－만) (마을－리) (배－선)

감상

이 시는 네 폭의 그림으로 구성되어 있고 각 구가 한 폭의 그림이다. 첫 구는 목소리 낭낭한 꾀꼬리 한 쌍이 푸른 버드나무 사이에서 계속 재잘대며 봄기운을 알리고 있다.

제2구는 더욱 아름답다. 맑은 하늘이 끝없이 펼쳐져 있고, 그 위를 백로 떼가 일렬로 난다. 하늘 위로 높게 날아가는 백로 떼를 보니 마음이 트이고 기분이 유쾌해진다. 제1구의 그림은 자신의 집 뜰 앞 풍경이고, 제2구의 그림은 멀리 본 하늘의 경치로, 이 두 구는 한 쌍의 대련(對聯)을 이루고 있다. '두 마리의 꾀꼬리'와 '한 떼의 백로'는 모두 명사, '지저귀다'와 '위로 날아오르다'는 동사, '푸른 버드나무'와 '푸른 하늘'은 형용사로 정교한 대구를 이루었다.

제3구는 서쪽 창을 열고 멀리 민산(岷山)을 바라보는 장면이다. 청명한 날씨에 민산 꼭대기에 쌓인 눈까지 볼 수 있다. 민산은 너무 높아 일 년 내내 녹지 않는 '천년설'이 아직도 남아 있다.

제4구는 문밖으로 시선을 돌려 동오의 만리선이 정박해 있는 풍경을 바라본다. 만리선은 동오에서 만 리나 떨어진 이곳까지 방금 온 배들이다. 배들이 오간다는 것은 내란이 끝나 해상통행이 가능하다는 증거이다. 그렇다면 이제 귀향 수 있겠다는 생각이 되니 그 기쁨은 미루어 짐작할 수 있다.

3, 4구도 역시 정교한 대구를 이룬다. '창밖'과 '문밖', '우뚝하다'와 '정박하다', '천년설'과 '만리선'. 이처럼 정교한 대구를 구사하며 시의 격률을 지키면서 시를 짓는 솜씨는 단연 두보가 탁월하다. 그러나 격률의 정교함보다 더 중요한 것은 그가 창조한 경물의 아름다움이다. 완벽한 대구를 이루면서 경물의 아름다움을 그려낸다는 것은 고도의 예술창작이다. 이 시의 네 구는 마치 살아 움직이는 그림 같다.

감상

정교한 대구에다 리듬감과 운율미까지 갖춘 이 시는 그림이면서 시이고 또 음악이다. 이러한 경물의 아름다움과 음악의 아름다움으로부터 다시 두보의 심정을 느낄 수 있어야 한다. 이 시기는 전란이 종식된 상황이었으므로 두보의 마음도 당연히 즐겁고 여유가 있어 편안하고 색채감도 밝다.

30

나그네 밤 회포를 쓰다.

(여야서회 旅夜書懷)

두보(杜甫)

旅夜書懷 여야서회

細草微風岸, 세초미풍안
危檣獨夜舟。 위장독야주
星垂平野闊, 성수평야활
月湧大江流。 월용대강류
名豈文章著, 명기문장저
官應老病休。 관응로병휴
飄飄何所似, 표표하소사
天地一沙鷗。 천지일사구

나그네 밤 회포를 쓰다

가냘픈 풀잎, 미풍 이는 강 언덕,
높다란 돛대, 외로운 밤 배.
별 드리운 평야는 넓고,
달 솟아오른 강물은 흐른다.
이름 어찌 시 짓기로 드러날까?
벼슬은 늙고 병들어 쉬어야지!
떠도는 이 신세 무엇과 닮았나?
천지 떠도는 모래밭의 한 마리 갈매기.

旅夜书怀 Lǔ yè shū huái

细草微风岸，	Xì cǎo wēi fēng àn,
危樯独夜舟。	Wēi qiáng dú yè zhōu.
星垂平野阔，	Xīng chuí píng yě kuò,
月涌大江流。	Yuè yǒng dà jiāng liú.
名岂文章着，	Míng qǐ wén zhāng zhù,
官因老病休。	Guān yīn lǎo bìng xiū.
飘飘何所似，	Piāo piāo hé suǒ sì,
天地一沙鸥。	Tiān dì yì shā ōu.

자구풀이

1. 危檣(위장, wēi qiáng) : 높은 돛대. 긴 돛대. (위태할 - 위) (돛대 - 장)
2. 垂(수, chuí) : 드리움. (드리울 - 수)
3. 闊(활, kuò) : 탁 트인 모양. (넓을 - 활)
4. 月湧(월용, yuè yǒng) : 물에 비친 달 그림자가 파도의 출렁거림에 따라 솟아오르는 듯 보임. (솟아날 - 용)
5. 官(관, guān) : 이 때 두보는 검남절도사(劍南節度使) 엄무(嚴武)의 추천으로 절도참모(節度參謀) 및 검교공부원외랑(檢校工部員外郎:건설부 과장)으로 있었다. 후세 사람들이 그를 두공부(杜工部)라고도 부르는 것은 이 때문이다. (벼슬 - 관)
6. 老病(노병, lǎo bìng) : 당시 두보는 54세인데, 폐병, 당뇨병, 다리마비 등의 병이 있었음. (늙을 - 노) (병 - 병)
7. 飄飄(표표, piāo piāo) : 바람에 나부끼는 모양. (나부낄 - 표)
8. 沙鷗(사구, shā ōu) : 강가 모래밭의 갈매기. (모래 - 사)(갈매기 - 구)

감상

765년 5월, 두보나이 54세. 성도의 완화초당(浣花草堂)에서 자신을 도와주던 친구 엄무(嚴武) 덕에 막부의 작은 벼슬이나마 얻어 3년간 비교적 안정된 생활을 했었지만, 엄무가 죽자 늙고 병든 몸으로 관직도 여의치 않아 다시 가족을 이끌고 떠날 수밖에 없게 되었다. 사실 두보는 성도에서 지낸 공부원외랑이라는 벼슬을 끝으로 더 이상 관직을 가지지 못했다. 이 시는 사천성 성도(成都)에서 민강(岷江)과 장강(長江)을 따라 충현(忠縣)까지 뱃길로 가는 중에 밤에 강가에 배를 정박해두고 지은 시이다.

전반은 경치를 읊고, 후반은 자신의 마음을 술회했다.

하늘에는 별이 가득 빛나고, 도도한 강물에 달은 훤히 비친다. 이 밤, 배를 정박시키고 누워 있는 그는 처참한 심정이 되어 잠을 이루지 못한다. 명성을 떨치려면 글재주나 벼슬의 두 길이 있지만 글재주는 변변찮아 그것으로 이름을 떨치기는 이미 글렀고, 벼슬조차 늙고 병들어 그만두게 되었으니, 마음이 착잡하다. 그러나 아직은 이대로 벼슬을 포기할 순 없다. 벼슬에 대한 마음은 있지만 전도는 불분명하다. 아무 것도 이룬 것 없이 헛되이 늙어왔다는 깊은 한탄이 든다. 세상을 떠도는 이 내 신세는 무엇과 비길 수 있을까? 마치 하늘과 땅 사이를 이리 저리 날아다니는 한 마리의 조그만 갈매기 같다. 갈매기는 천지와 대비하면 상대적으로 한없이 미약한 존재이므로 포부를 꿈꾸지만 현실은 이처럼 벽이 높다는 말이다.

이룬 것 없고 정착할 데 없고 늙고 병든 초라한 몸이 되어 강위를 떠도는 절박한 상황이지만 결코 이대로 벼슬을 포기할 수 없다는 두보. 그의 쓰라린 인생역정을 생각하니 마음이 아프다. 두시 특유의 착잡하고 침울한 정서가 잘 드러나 있다.

31

높은 곳에 올라(등고 登高)

두보(杜甫)

登高 등고

風急天高猿嘯哀, 풍급천고원소애,
渚淸沙白鳥飛廻. 저청사백조비회.
無邊落木蕭蕭下, 무변낙목소소하,
不盡長江滾滾來. 불진장강곤곤래.
萬里悲秋常作客, 만리비추상작객,
百年多病獨登臺. 백년다병독등대.
艱難苦恨繁霜鬢, 간난고한번상빈,
潦倒新停濁酒杯. 료도신정탁주배.

높은 곳에 올라

바람 세차고 하늘 높고 원숭이 울음 애절하며,
강가 맑고 모래 희고 물새들은 선회하며 난다.
끝없는 숲에는 낙엽이 우수수 떨어지고,
다함없는 장강은 도도히 흐른다.
만 리 타향 슬픈 가을 항상 나그네 몸,
평생 병 많은 몸으로 홀로 누대에 오른다.
가난에 시달려 백발 많아진 것 한스러운데,
노쇠한 몸이라 탁주잔을 새로 멈췄다.

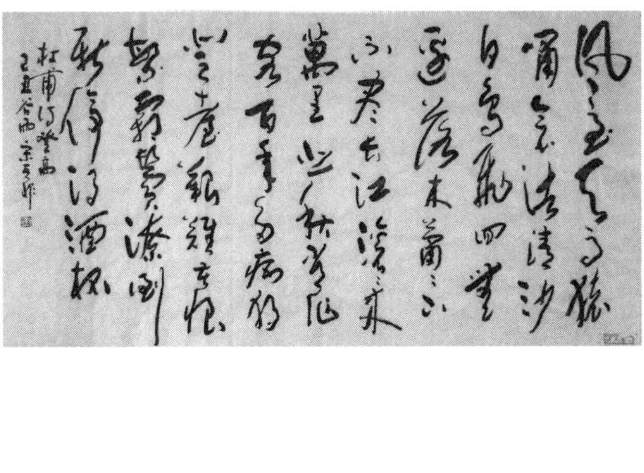

登高
Dēng gāo

风急天高猿啸哀,
Fēng jí tiān gāo yuán xiào āi
渚清沙白鸟飞回.
Zhǔ qīng shā bái niǎo fēi huí
无边落木萧萧下,
Wú biān luò mù xiāo xiāo xià
不尽长江滚滚来.
Bú jìn cháng jiāng gǔn gǔn lái
万里悲秋常作客,
Wàn lǐ bēi qiū cháng zuò kè
百年多病独登台.
Bǎi nián duō bìng dú dēng tái
艰难苦恨繁霜鬓,
Jiān nán kǔ hèn fán shuāng bìn
潦倒新停浊酒杯.
Liáo dǎo xīn tíng zhuó jiǔ bēi

자구풀이

1. 渚(저, zhǔ): 물가, 사주. (물가－저)
2. 無邊(무변, wúbiān): 끝이 없다, '어디서나 모두'의 뜻. (없을－무) (가－변)
3. 落木(낙목, luòmù): 낙엽. (떨어질－낙) (나무－목)
4. 蕭蕭(소소, xiāoxiāo): 쓸쓸히, 낙엽이 떨어지는 모습을 형용한 말. (쓸쓸할－소)
5. 滾滾(곤곤, gǔngǔn): 물이 세차게 흐르는 모양. (흐를－곤)
6. 百年(백년, bǎinián): 평생. (일백－백) (해－년)
7. 艱難(간난, jiānnán): 온갖 괴로움과 곤란. (어려울－간) (어려울－난)
8. 霜鬢(상빈, shuāng bìn): 서리같이 하얗게 된 머리. '鬢'은 귀밑머리. (서리－상) (살쩍－빈)
9. 潦倒(요도, liáo dǎo): 노쇠한 모양. 두보는 당시에 폐병을 앓고 있었음. (초라할－료) (넘어질－도)

감상

이 시는 대력 2년(767) 가을 56세 기주(夔州)에 있을 때 지은 것이다. 가을날 타향에서 병든 몸을 이끌고 홀로 누대에 올라서 본 경물과 감회를 읊은 시인데, 두보 만년의 걸작으로 꼽힌다. 싸늘한 가을바람에 낙엽이 우수수 떨어지는 높은 언덕에 앉아 늙고 병든 몸으로 슬픔을 한 잔 술로 풀어 보는 작자의 독백을 담은 작품이다. 인생무상과 노경의 처량한 심회를 읊은 이 시는 침울한 시풍을 잘 반영하고 있다. 수련에는 가을의 적막한 정경을, 함련에는 강가의 쓸쓸한 모습을, 경련에는 외로운 나그네의 슬픔을, 미련에는 노경의 처량한 탄식을 그렸다. 선경후정(先景後情)의 시작법을 통해 조락의 가을 풍경에 조응된 인간의 모습을 선명하게 부각시켰다. 음절 면에서 이 시는 쌍성(雙聲) 첩운(疊韻)을 많이 사용했는데도 조탁(彫琢)의 흔적이 없고 전체적으로 음율이 조화를 잘 이루고 있다.

32

강남에서 이귀년을 만나

(강남봉이귀년 江南逢李龜年)

두보(杜甫)

江南逢李龜年 강남봉이귀년

岐王宅裏尋常見, 기왕댁리심상견
崔九堂前幾度聞。 최구당전기도문
正是江南好風景, 정시강남호풍경
落花時節又逢君。 낙화시절우봉군

강남에서 이귀년을 만나

기왕의 저택에서 늘 보았고,
최구의 집에서도 여러 번 들었었지.
마침 강남의 풍경이 좋은 이때,
꽃 지는 시절에 다시 그대를 만날 줄이야.

江南逢李龟年
Jiāng nán féng Lǐ guī nián

岐王宅里寻常见,
Qí wáng zhái lǐ xún cháng jiàn,

崔九堂前几度闻。
Cuī jiǔ táng qián jǐdù wén.

正是江南好风景,
Zhèng shì jiāng nán hǎo fēng jǐng,

落花时节又逢君。
Luò huā shí jié yòu féng jún.

자구풀이

1. 江南(강남, jiāng nán) : 여기서는 장강 하류의 남방인 호남(湖南)의 潭州(지금의 長沙)를 가리킴.
2. 李龜年(이귀년, Lǐ guī nián) : 당나라 때의 저명한 음악가. 특히 현종에게 총애를 받아 호화로운 생활을 했으나, 안사의 난 후 강남땅을 떠돌았음. (오얏-리) (거북-귀) (해-년)
3. 岐王(기왕, Qí wáng) : 현종의 아우 이범(李範)을 말함. (갈림길-기)
4. 尋常(심상, xúncháng) : 항상, 늘. (찾을-심) (항상-상)
5. 崔九(최구, Cuī jiǔ) : 현종 때 비서감을 지낸 최척(崔滌)을 가리킴. '구(九)'는 항렬로 아홉 번째. 기왕과 최구는 모두 낙양에 저택이 있었는데, 두보는 이곳을 출입하면서 이귀년을 만났었음. (높을-최)

감상

770년 두보가 생을 마감하던 59세의 어느 봄날, 호남성 장사시(長沙市)에 지은 것이다. 강남은 장강 남쪽, 여기서는 곧 장사를 가리킨다. 이귀년은 당 현종의 총애를 받아 명성을 떨쳤던 일대의 명창(名唱). 안록산의 난리 뒤에 강남지방을 유람하며 아름다운 시절 좋은 경치를 만나면 몇 곡조 불러서 듣는 사람을 모두 울렸다고 한다. 전란을 피해 12년간이나 떠돌던 두보는 화사한 봄날 강남땅에서 우연히 그를 다시 만났다. 둘 다 초라한 난민신세가 되었으니 반가움과 놀라움, 서러움을 어찌 다 표현할 수 있으랴. "그대는 또 어쩌다가 여기까지 이렇게……." 아름다운 강남땅에서 더욱이 꽃잎 지는 봄날 처량한 신세의 가수와 시인의 만남을 짧은 절구에 담은 시이다. 상심을 나타내는 말은 한 마디도 없지만 그 속에 깊은 서글픔과 연민의 정이 엿보인다.

첫 연은 화려했던 과거의 회상을, 둘째 연은 인생과 자연을 묶어 오늘의 처지를 읊고 있다. 특히 마지막 구의 '낙화시절(洛花時節)'은 자연의 계절과 자신의 신세를 함께 의미하는 '쌍관의(雙關義)'로, 그들의 낙화처럼 초라한 인생여정이 애절하게 느껴지는 구절이다.

전란의 소용돌이에서 떠도는 인생의 고초가 짧은 행간에 압축되어 있어 시가의 함축미를 느낄 수 있다. 두보 칠언절구의 압권으로 평가받고 있다.

중당시 中唐詩

서울로 들어가는 사신을 만나(봉입경사 逢入京使)
저주의 서쪽 개울(저주서간 滁州西澗)
나그네의 노래(유자음 遊子吟)
풍교 아래 밤배를 대고(풍교야박 楓橋夜泊)
오의항(烏衣巷)
'옛 들판의 풀'로 송별시를 짓다(부득고원초송별 賦得古原草送別)
행궁(行宮)
강에 눈이 내리고(강설 江雪)
은자를 방문했으나 만나지 못해(심은자불우 尋隱者不遇)
버들 골목(유항 柳巷)

중당시기의 시

중당은 대력(大歷)에서 대화(大和) 말(766~835)에 이르기까지에 해당된다. 이 시기는 안사의 난 이후 70여 년 동안으로 시인들은 성당의 전통을 계승하면서도 한편으론 새로운 시의 세계를 모색하려 했다. 특히 이런 변화의 움직임은 안사의 난을 통해 기득권을 가진 문벌귀족들이 몰락하고 중하층 사대부들이 대두되면서 자신들의 이념에 맞는 시의 운동을 전개하려 했기 때문이다. 이때 활동했던 문인들은 풍격에 따라 크게 세 가지 유파로 나눌 수 있다.

산수전원파(山水田園派)는 성당의 왕유나 맹호연의 시 정신을 이어받아 산수의 아름다움과 그 속에서 느낀 한적한 심경을 주로 노래했는데, 위응물(韋應物), 유장경(劉長卿), 대숙륜(戴叔倫), 유종원(柳宗元) 등이 이에 속한다.

사회시파(社會詩派)는 두보의 사실주의 시 정신을 이어받아 사회의 모순을 고발하는 시를 창작했는데, 대력 연간의 원결(元結)과 고황(顧況), 원화 연간의 백거이(白居易), 원진(元稹), 장적(張籍), 왕건(王建), 이신(李紳) 등이 이에 속하며 민가풍의 서정시로 유명한 유우석(劉禹錫)도 이 계열에 가깝다. 이들은 두보보다 더 솔직하게 사회문제를 읊어 사회시의 정점에 이르게 되었다.

사회시파가 두보의 사회고발정신을 계승하려고 한 반면, 두보의 표현예술을 계승하고자 한 괴탄파(怪誕派)도 출현하였다. 그들은 시의 표현기교면에서는 일정한 성취가 있었으나 지나치게 시어(詩語), 압운(押韻), 작법(作法) 등에 치중하여 '기험괴벽(奇險怪僻)'하다는 비판도 받았다. 여기에 속하는 시인으로는 한유(韓愈)를 필두로 하여 맹교(孟郊), 가도(賈島), 이하(李賀), 노동(盧仝) 등을 꼽을 수 있다.

33

서울로 들어가는 사신을 만나

(봉입경사 逢入京使)

잠삼(岑參)

잠삼(岑參, 715~770)

하남성 남양(南陽)으로 사람으로, 고적(高適, 702~765)과 함께 변새시파의 우두머리이다. 명성 있는 가문 출신으로 30세(744년)에 진사에 급제해 병조참군이 되었다. 평범한 관료생활에 만족하지 못하여 전공을 세워 입신출세하려던 중, 35세에 안서(安西)절도사인 고선지(高仙芝)의 막부서기를 시작으로, 북정(北庭)도호부의 판관, 우보궐, 기거사인, 고공원외랑을 거쳐 관서(關西)절도판관, 가주(嘉州)자사 등 변방의 전쟁터를 누비며 다녔다. 가주자사의 임기 만료로 장안으로 돌아오던 중 반란군에게 막혀 성도에 체류하다 객사했다.

그는 평생을 몸소 변방의 군대에 주둔하면서 자신이 체험한 변방의 황량한 풍경, 전쟁의 참상, 장병들의 영웅적인 기개 등을 남성적인 필치로 기세분방하게 그려 탁월한 업적을 남겼다. 현재 399수의 시가 남아 있는데, 특히 칠언가행과 칠언절구에서 뛰어나다.

逢入京使 봉입경사

故園東望路漫漫,　고원동망로만만,
雙袖龍鍾淚不乾。　쌍수룡종루불간.
馬上相逢無紙筆,　마상상봉무지필,
憑君傳語報平安。　빙군전어보평안.

서울로 들어가는 사신을 만나

동쪽으로 고향 바라보니 길은 아득히 멀어,
양쪽 소매 눈물 자욱 마르지 않는다오.
말 위에서 만났으니 종이와 붓 없어,
그대에게 부탁하노니 안부 좀 전해주오

逢入京使 Féng Rùjīngshǐ

故园东望路漫漫， Gùyuán dōngwàng lù mànmàn,
双袖龙锺泪不干。 Shuāngxiù lóngzhōng lèi bù gān.
马上相逢无纸笔， Mǎshàng xiāngféng wú zhǐbǐ,
凭君传语报平安。 Píng jūn chuányǔ bào píng'ān.

자구풀이

1. 逢(봉, féng) : 만나다. (만날-봉)
2. 入京使(입경사, rùjīngshǐ) : 서울(장안)으로 들어가는 임금의 특사. 천보 8년(749), 잠삼은 처음으로 변방에 가 안서(安西, 지금의 신강)절도사 고선지(高仙芝)의 막부에서 장서기 직 을 맡고, 안서로 가는 도중 지었음. (들-입) (서울-경) (하여금-사)
3. 故園(고원, gùyuán) : 고향. 잠삼의 원래 고향은 하남성 남양(南陽)인데, 여기서는 가족들이 있는 장안을 가리킴. (옛-고) (동산-원)
4. 漫漫(만만, mànmàn) : 한없이 먼 모양. 요원함. (질펀할-만)
5. 雙袖(쌍수, shuāngxiù) : 양쪽 소매. (두-쌍) (소매-수)
6. 龍鐘(용종, lóngzhōng) : 눈물이 줄줄 흐르는 모양. (용-용) (종-종)
7. 憑(빙, píng) : 부탁함. (기댈-빙)

감상

작자가 안서절도사의 판관으로 부임하려고 서역으로 가는 도중, 마침 길에서 장안으로 가는 사신을 만나자 가족들에게 안부를 전해 달라며 쓴 시이다. 동쪽으로 고향인 장안을 바라보니, 장안까지의 길은 아득히 멀기만 하다. 사랑하는 가족과 헤어져 이처럼 멀리 떠나오니, 가족 그리움에 옷소매는 늘 눈물로 젖어 마를 날이 없다. 마침 고향 장안으로 가는 사신을 길에서 만나니 반갑기 그지없어, 집에다 소식을 전하려하나 말 위라 종이와 붓을 갖춰 편지 쓸 겨를이 없다. 할 수 없이 입으로라도 가족에게 평안히 잘 있다고 전해달라고 하는 작자의 마음에 깊은 가족 사랑이 묻어있다. 평이한 시구 속에 가족에 대한 그리움을 진솔하게 표현하여, 객중시(客中詩)의 절창으로 꼽힌다.

34

저주의 서쪽 개울(저주서간 滁州西澗)

위응물(韋應物)

위응물(韋應物, 737~791)

장안사람으로 무협적인 기질이 있어 15세에 현종의 삼위랑(三衛郎, 근위대에 해당)이 되었다. 안사의 난 후 실직하고 독서에만 전념하여 결국 30세에 진사에 급제, 낙양승(洛陽丞)이 됐다. 그 후 강주(江州), 저주(滁州), 소주(蘇州) 등의 자사를 지냈다. 때문에 '위소주', '위강주'라고도 부른다. 자연경물과 은일생활을 잘 묘사한 것으로 유명하며, 시풍은 조용하고 한적하여 왕유, 맹호연의 시풍을 이은 중당의 대표적인 산수전원시인으로 평가된다. 그러나 민중의 질고를 반영한 작품도 적지 않으며, 약간의 시에서는 감상적이며 퇴폐적인 정조도 띄고 있다. 작품집으로는 『위소주집(韋蘇州集)』이 있으며, 약500여 수의 시가 전해진다.

滁州西澗 저주서간

獨憐幽草澗邊生, 독련유초간변생
上有黃鸝深樹鳴。 상유황리심수명.
春潮帶雨晚來急, 춘조대우만래급,
野渡無人舟自橫。 야도무인주자횡.

저주의 서쪽 개울

홀로 개울가 무성한 풀 즐기는데,
위로 깊은 나무엔 꾀꼬리 울고 있네.
봄 조수는 비 내려 저녁 되니 더 세차고,
들판 나루터엔 인적 없이 배만 홀로 놓여 있네.

滁州西涧 Chúzhōu xījiàn

独怜幽草涧边生, Dú lián yōucǎo jiànbiān shēng,
上有黄鹂深树鸣。Shàng yǒu huánglí shēnshù míng.
春潮带雨晚来急, Chūncháo dài yǔ wǎn lái jí,
野渡无人舟自横。Yě dù wúrén zhōu zì héng.

자구풀이

1. 滁州(저주, Chúzhōu) : 지금의 안휘성 저현(滁縣). (강이름－저)
2. 西澗(서간, xījiàn) : 저주성(滁州省)의 서쪽으로 흐르는 강으로, 상마하(上馬河)라고도 함. 현재는 물은 없고 매몰되었다고 함. (서녘－서) (계곡의 시내－간)
3. 憐(련, lián) : 아낌. 좋아함. '연(憐)'은 '가련하다'와 '아낀다'는 두 가지 뜻이 있는데, 여기서 는 후자의 의미로 쓰였음. (불쌍히 여길－련)
4. 幽草(유초, yōucǎo) : 어두운 빛을 띌 정도로 무성한 풀. (그윽할－유) (풀－초)
5. 澗邊(간변, jiànbiān) : 시냇가. (계곡의 시내－간) (가－변)
6. 黃鸝(황리, huánglí) : 꾀꼬리. (꾀꼬리－리)
7. 春潮(춘조, chūncháo) : 봄에 물이 불어서 흐르는 시내. (조수－조)
8. 野渡(야도, yě dù) : '도'는 나루터. '야도'는 교외의 나루터. (들－야) (건널－도)
9. 自橫(자횡, zì héng) : 마음대로 출렁이고 있는 모양. (스스로－자) (가로－횡)

감상

작자가 저주자사로 부임해 있을 때 봄날, 서쪽의 개울가로 놀러 갔다가 쓴 산수 시이다.

전반 두 구는 화창한 봄날 바라 본 개울가의 풍경을 담담한 필치로 그렸고, 후반 두 구는 저녁비로 불어난 냇물 풍경을 회화적 필치로 그렸다. 객관적인 경물을 꾸밈없이 묘사하고 있지만 그 속에서 한담하고 우미한 정취가 느껴진다. 특히 마지막 구는 한적한 시골 나루터의 정취를 그림처럼 묘사하고 있어 '시중유화(詩中有畫)'의 명구로 많은 사람들에게 애송되고 있다.

1구와 4구에서의 정적인 묘사와 2구와 3구에서의 동적인 묘사가 잘 어우러져 시의 흐름에 생동감을 더해 준다.

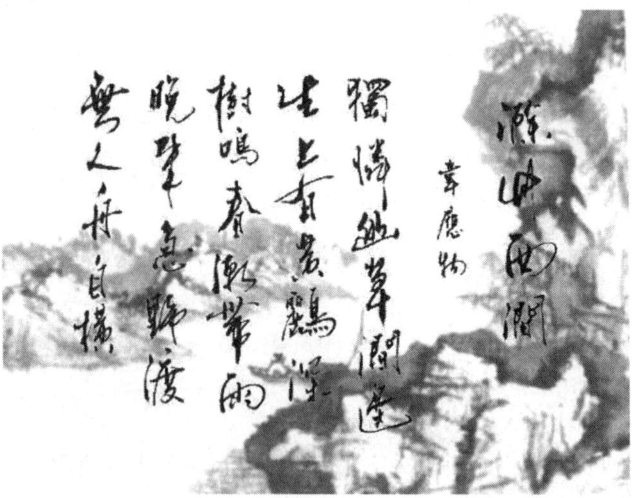

35

나그네의 노래(유자음 遊子吟)

맹교(孟郊)

맹교(孟郊, 751~814)

자는 동야(東野)이고 호주(湖州) 무강(武康, 절강성)사람이다. 49세에 겨우 진사에 급제하여 율양현위(溧陽縣尉)가 되었으나, 직무를 소홀히 하고 술과 시로 세월을 보내다 봉급이 반으로 깎여 그만두었다. 그 후 하남수옥전운판관, 협율랑 등의 낮은 관직을 지내다 64세로 죽었다. 일생동안 가난하고 불우하였으며, 성품도 까다로워 대인관계가 좋지 않았다. 다만 20세가량의 연령차에도 불구하고 평생 한유를 따르며 가까이 지내, 세상에 알려지게 되었다. 약 400여수의 시가 전해지는데, 자신의 곤궁과 우수를 읊은 작품이 많다.

遊子吟 유자음

慈母手中線,	자모수중선,
遊子身上衣。	유자신상의,
臨行密密縫,	임행밀밀봉,
意恐遲遲歸。	의공지지귀.
誰言寸草心,	수언촌초심,
報得三春暉。	보득삼춘휘.

나그네의 노래

인자하신 어머니의 손에 들린 실,
길 떠나는 아들의 몸에 걸친 옷.
떠나기 전 촘촘히 꿰매신 뜻은,
행여 더디 돌아올까 걱정하신 때문이네.
그 누가 말했던가, 풀처럼 작은 마음으로
봄볕 같은 큰 은혜 보답할 수 있다고.

游子吟 Yóuzǐyín

慈母手中线，　Címǔ shǒuzhōng xiàn,
游子身上衣。　Yóuzǐ shènshàng yī.
临行密密缝，　Línxíng mìmì féng,
意恐迟迟归。　Yìkǒng chíchí guī.
谁言寸草心，　Shuí yán cùncǎoxīn,
报得三春晖。　Bào dé sānchūnhuī.

자구풀이

1. 遊子吟(유자음, yóuzǐyín) : '유자(遊子)'는 떠도는 '나그네'를 말하는데, 여기에서는 작자 자신을 일컫는 말. 당시 작자는 강소성(江蘇省) 율양(溧陽)의 현위로 부임하기 위해 어머니 곁을 떠났음. '음(吟)'은 여기서는 중국고전시가에 악부시의 일종을 지칭함. (놀－유) (읊을－음)
2. 線(선, xiàn) : 실. 바느질하는 실. (줄－선)
3. 臨行(임행, línxíng) : 떠날 때 임하여. 출발 할 때. (임할－임)
4. 密密(밀밀, mìmì) : 촘촘함. 빽빽함. (빽빽할－밀)
5 意恐(의공, yìkǒng) : 걱정함. '공(恐)'은 '걱정하다'의 의미로 쓰임. (두려울－공)
6. 遲遲(지지, chíchí) : 더딤. (늦을－지)
7. 縫(봉, féng) : 꿰매다. (꿰맬－봉)
8. 寸草心(촌초심, cùncǎoxīn) : '촌(寸)'은 마디, 치 등을 나타내는 길이의 단위. 여기서는 아 주 짧은 길이를 의미함. '촌초심'은 아주 짧은 풀과 같은 마음. 작은 효성을 비유한 말. (마디－촌) (풀－초) (마음－심)
9. 三春暉(삼춘휘, sānchūnhuī) : '삼춘'은 봄의 석 달. 봄은 음력 정월, 이월, 삼월 석 달을 가리킴. '삼춘휘'는 봄날의 햇빛. 여기서는 어머니의 큰 사랑, 큰 은혜에 비유한 말. (빛－휘)

감상

극히 평범하고 미세한 동작을 통해 깊고 자애로운 어머니의 사랑을 가슴 뭉클하게 노래해 천고에 애송되는 명시이다.

길 떠날 자식에게 어머님께서 지어주신 옷. 바느질하시면서 혹시 타향에서 뜯어진 옷 입을까 솔기마다 한 땀 한 땀 촘촘히도 박으셨다. 바느질 자국마다 어머니의 진한 사랑이 배어있다.

아무리 자식이 효도한다 한들 이 깊고 큰 어머니의 은혜에 보답할 수 있을까? 한 치 작은 봄풀만큼의 조그만 효심과 온갖 생명들을 양육하는 따뜻한 봄볕의 극명한 대비를 통해 자신과 어머니의 자애로운 은혜를 표현하고 있다.

작자 맹교는 나이 오십이 되어서야 겨우 진사에 합격하고 지방의 율양 현위로 부임하게 되었다. 이 시는 작자 스스로 "율현에서 어머니를 맞아 지었다'고 밝혔다. 오랜 세월 실의와 좌절로 지내는 동안 어루만지며 지켜주신 어머니를 부임지에서 맞으니 그 은혜를 어떻게 표현하면 좋을까? 따스한 봄빛이 꽁꽁 얼어붙은 대지를 녹이고 온갖 생명들을 키워내듯 자식을 보살펴주신 어머니. 작은 풀과 봄빛으로 형상화시킨 뛰어난 관찰력과 재능이 돋보인다.

『담원시화(澹園詩話)』에는 이런 말이 있다. "동야(맹교)의 「유자음」을 읽을 때마다 나는 눈물을 흘린다. 이미 돌아가신 어머니의 마음이 바로 이 시의 자애로운 어머니 마음과 같았을 것이다. 지금껏 어머니의 깊고 간절한 사랑을 동야처럼 잘 쓴 사람은 없다."

36

풍교 아래 밤배를 대고
(풍교야박 楓橋夜泊)

장계(張繼)

장계(張繼, ?~?)

자는 의손(懿孫)이고 양주(襄州, 호북성)사람이다. 생졸 년대는 미상이며, 천보 12년(753년)에 진사에 급제했고, 관직은 감숙성 진융군(鎭戎軍)막료, 홍주(洪州)의 염철판관을 거쳐 중앙의 검교사부랑중을 지냈다. 정치에 밝았고 언제나 깨끗한 풍채였다고 전해지며, 박학다식하였고 사람들과 담론을 즐겼다고 한다. 시는 주로 꾸밈이 없고 아름다우며 자연스럽다는 특징이 있다. 현실을 반영한 작품은 농민들의 생활상과 파괴되는 농촌의 모습을 진지한 감정으로 묘사했다. 『장사부시집(張祠部詩集)』에 40여 수의 시가 전해지나, 「풍교 아래 밤배를 대고(楓橋夜泊)」시 한 편으로 천고에 이름을 날렸다.

楓橋夜泊 풍교야박

月落烏啼霜滿天,　월락오제상만천,
江楓漁火對愁眠。 강풍어화대수면.
姑蘇城外寒山寺,　고소성외한산사,
夜半鐘聲到客船。 야반종성도객선.

풍교 아래 밤배를 대고

달은 지고 까마귀 울고 하늘에 서리 가득,
강 단풍, 어선 등불, 시름겨워 바라보다 잠이 든다.
고소성 밖 한산사,
한밤의 종소리 나그네 뱃전까지 들려온다.

枫桥夜泊 Fēngqiáo yèbó

月落乌啼霜满天, Yuèluò wūtí shuāng mǎntiān,
江枫渔火对愁眠。Jiāngfēng yúhuǒ duì chóu mián.
姑苏城外寒山寺, Gūsū chéngwài Hánshānsì,
夜半钟声到客船。Yèbàn zhōngshēng dào kèchuán.

자구풀이

1. 楓橋(풍교, Fēngqiáo) : 원래는 봉교(封橋)라고 부르는 한산사 부근에 있는 다리. 강소성 소주(蘇州) 서쪽 교외에 있음. (단풍나무－풍) (다리－교)
2. 夜泊(야박, yèbó) : 밤에 배를 정박시킴. (밤－야) (배댈－박)
3. 月落(월낙, yuèluò) : 달이 짐. (달－월) (떨어질－낙)
4. 江楓(강풍, jiāngfēng) : 강변의 단풍나무. (강－강) (단풍나무－풍)
5. 愁眠(수면, chóu mián) : 수심을 안고 잠을 청하는 나그네. (시름－수) (잠잘－면)
6. 姑蘇城(고소성, Gūsūchéng) : 소주(蘇州)의 옛 명칭. 춘추시대 오나라의 도읍지. (시어미－고) (되살아날－소) (성－성)
7. 寒山寺(한산사, Hánshānsì) : 소주 서쪽 교외의 풍교 근처에 있는 사원. 남조의 양(梁)나라 때 지어졌음. 한산사란 명칭은 당나라 때의 한산(寒山)과 습득(拾得)이라는 승려가 이곳에 서 살았다 하여 붙여졌음. 송나라 때는 풍교사(楓橋寺)라고도 불렀음. (찰－한) (뫼－산) (절－사)

감상

1994년 상하이의 대학입학시험에서 <파도소리는 변함없이(濤聲依舊)>라는 유행가 "어선의 등불 들어 내 두 눈을 따뜻이 비추고, 진정 풍교 가까이 정박하고 싶네……. 천 년 세월 동안 달이 지고 새가 울었지. 파도서리 여전하지만 예전의 밤은 아니네. 지금 그대와 나 어떻게 옛일을 함께 하리요? 오래된 배표 한 장으로 당신의 객선에 승선할 수 있을까?"를 내놓고 어떤 고시를 인용한 것이냐는 문제가 있었다. 답은 바로 이 시이다. 이처럼 이 시가 천 년동안 사람들의 주목을 받는 이유는 과연 무엇일까? 시를 분석해 보면 그 대답이 나오리라 생각한다.

작자는 풍교 근처에 조각배를 대고, 배안에서 하룻밤을 묵으며 시름에 겨워 붓을 들었다.

제1구에는 달이 지고(시각), 까막까치가 울고(청각), 차가운 서리(촉각)가 내리는 세 개의 이미지를 통해 나그네의 처량하고 스산한 마음상태를 표현했다.

제2구에서는 강변의 단풍나무와 어선의 등불이라는 이미지를 통해 고향에 대한 그리움을 표현했다.

제3구의 '고소성 밖 한산사'라는 산수가 아름다운 강남의 이름난 성과 안개비 자욱한 산방사원을 연상시켰다.

마지막 구는 이 시의 정채 부분이다. 배 위에서 잠 못 이루고 뒤척이는 사이, 멀리 '고소성 밖 한산사'에서 나그네 뱃전까지 들려오는 한밤의 종소리. 이 종소리의 여운은 사람들을 깊은 상념에 빠져들게 한다. 사람들은 누구나 그리움이 있고 근심이 있게 마련이다. 나그네처럼 바쁘게 왔다가 총총히 가는 고단한 인생에서 어느 누군들 근심이 없을까? 이 시를 깊이 음미하면 자기도 모르게 인생에 대한 성찰을 하게 된다. 종소리의 여운은 이렇게 사람의 영혼을 감동시킨다. 이것이 사람들이 이 시에 매혹되는 이유일 것이다.

감상

이 시는 천고의 걸작으로 정평 나 있지만, 그 때문에 정황을 멋대로 설정한 호사자들이 제각기 소견을 피력하여 '삼경인 한밤중에 절에서 종을 칠 리 없다', '한밤에 우는 까마귀도 있느냐', '달이 새벽에 지지 한밤중에 지느냐' 등 많은 이설이 있는 시이기도 하다. 심지어 일본에서는 모 대학 입시 물리시험문제에 이 시를 인용하여 '한산사의 종소리가 밤중에는 객선에 도달하는데, 대낮에는 도달하지 못하는 원인이 무엇인가' 라고 물었다. 낮에는 공기가 덥기 때문에 음파가 위로 올라가 종소리가 객선까지 전달되지 못하고, 밤중에는 공기가 차가워 음파가 아래로 전해져 강가에서도 종소리를 들을 수 있는 것이다. 이처럼 다른 나라의 물리 시험에까지 등장하는 것으로도 이 시의 유명세를 짐작할 수 있다.

한산사라는 절은 소주 교외에 있는 작은 절인데, 산에 있는 산사가 아니라 평지의 좁은 터에 앉아있다. 그러나 이 시 덕분에 유명해져 소주관광의 필수코스에 들어있고, 즐비하게 늘어선 기념품가게의 액자나 족자 등에서 쉽게 이 시를 만날 수 있다.

37

오의항(烏衣巷)

유우석(劉禹錫)

유우석(劉禹錫, 772~842)

자는 몽득(夢得)이고, 낙양(洛陽, 河南省)사람이다. 정원9년(793년) 21세 때 유종원과 함께 진사에 급제, 감찰어사가 되었다. 유종원과 함께 왕숙문의 정치개혁에 적극 가담했다가, 실패하여 연주(連州), 낭주(郎州) 등 먼 남쪽으로 좌천되었다가 10년 뒤 중앙으로 소환됐다. 그 후 다시 기주(夔州), 화주(華州) 등의 자사로 좌천되었고, 또 여러 차례 관직의 부침을 반복하다가 만년에는 검교예부상서까지 올랐다. 전반에는 유종원과 가깝세 지냈고, 후반에는 백거이와 가깝게 지내며 많은 시를 화창했다.

그의 시는 통속적이면서도 청신한 민요풍의 정조를 가지고 있어 당시(唐詩)의 새로운 면을 개척했다. 또한 사회의 부조리를 우회적으로 고발한 우언시 역시 새로운 경지를 열었다. 『유몽득문집』에 800여 수의 시가 전해져 온다.

烏衣巷 오의항

朱雀橋邊野草花, 주작교변야초화,
烏衣巷口夕陽斜。오의항구석양사.
舊時王謝堂前燕, 구시왕사당전연,
飛入尋常百姓家。비입심상백성가.

오의항

주작교 근처에는 들꽃 무성하고,
오의항 어귀에는 석양이 비껴드네.
지난날 왕씨 사씨 저택 앞의 제비들,
이제는 예사로이 백성들 집 날아드네.

乌衣巷 Wūyīxiàng

朱雀桥边野草花, Zhūquè qiáobiān yěcǎohuā,
乌衣巷口夕阳斜。Wūyī xiàngkǒu xīyáng xiá.
旧时王谢堂前燕, Jiùshí Wáng Xiè tángqiányàn,
飞入寻常百姓家。Fēirù xúncháng bǎixìngjiā.

자구풀이

1. **烏衣巷**(오의항, Wūyīxiàng) : 금릉(金陵, 지금의 남경) 주작교 근처에 있는 거리 이름. 삼국 중 오나라의 군영 오의영(烏衣營)이 이곳에 주둔한 뒤부터 붙여진 이름. 그 군영을 오의영이라 한 것은 병사들이 모두 '검은 옷(烏衣)'을 입었기 때문임. 동진(東晋) 때에는 승상 왕도(王導) 일족과 사안(謝安) 일족이 이곳에 살았다 함. 일설에는 이들 귀족의 자제들이 검은 옷을 입고 이곳을 왕래했기에 '오의항'이라 불렀다고 함. 금릉의 고적 다섯 곳을 읊은 「금릉오제(金陵五題)」 시의 하나. (까마귀－오) (옷－의) (거리－항)
2. **朱雀橋**(주작교, Zhūquèqiáo) : 궁성의 주작문 남쪽 진회하(秦淮河)에 만들어진 다리. 오의항에 가려면 반드시 이 다리를 지나야 함. (붉을－주) (참새－작) (다리－교)
3. **斜**(사, xiá) : 고음(古音)은 'xiá'. (비낄－사)
4. **王謝**(왕사, Wáng Xiè) : 동진 때 대단한 권세를 누리던 왕도(王導)와 사안(謝安) 양가.
5. **尋常**(심상, xúncháng) : 평상시. 항상. (찾을－심) (항상－상)

감상

석양이 비치는 오의항 거리에서 황량하고 쇠퇴한 거리 풍경에 무상함을 느껴, 번영과 영화를 누리던 때를 회고하며 쓴 시이다.

주작교와 오의항은 모두 육조시대의 도읍지인 남경의 명승지이다. 오의항에는 동진의 개국공신인 왕도(王導)와 비수(淝水)의 전투에서 대승한 사안(謝安)이 살았었다. 그 당시 그들은 이 거리에서 찬란한 번성과 영화를 구가했었다. 그러나 지금은 오가는 사람 없이 들풀만 무성하고 석양빛만이 쓸쓸하게 황량한 거리를 비추고 있다. 작자는 이 거리에서 영고성쇠의 무상함에 쓸쓸함을 느꼈다. '석양'은 바로 작자의 쓸쓸한 감정을 대변하는 경물이다.

역사에 대한 회상만이 아니라 예리하게 현실에 대한 통찰로 이어갔다. '그 옛날 권문세족들의 저택에 드나들던 제비, 지금은 일반 백성들의 집으로 날아든다'고 하여, 제비의 주인이 세도가에서 평민으로 바뀌었다는 역사 흐름의 반전을 말했다. 이는 작자가 살고 있는 당 중엽의 쇠락해가는 현실에 대한 통찰이며, 역사반전의 무상함을 탄식한 말이라고 할 수 있다.

전편에서 자신의 감정을 한 마디도 직설적으로 표현하지 않고 거리의 풍경만을 과거와 현재로 대비시켜 묘사했지만, 그 속에서 과거를 회상하며 현실을 통찰하는 작자의 처지와 감회를 느낄 수 있다.

38

'옛 들판의 풀'로 송별시를 짓다

(부득고원초송별 賦得古原草送別)

백거이(白居易)

백거이(白居易, 772~846)

자는 낙천(樂天)이고 호는 향산거사(香山居士) 또는 취음선생(醉吟先生)이며, 하규(夏珪, 陝西省) 사람이다. 정원 16년(800년) 29세에 진사에 급제하여 교서랑, 한림학사, 좌습유 등을 역임하다, 원화 10년(815) 44세에 강주사마(江州司馬)로 좌천된다. 그 후 충주(忠州)자사를 거쳐 조정으로 돌아와 온 후 나날이 관이 올라가 만년에는 비서감, 태자소부, 형부상서까지 역임하다, 75세의 나이로 생을 마감했다. 치열한 당쟁의 회오리에서 명철보신하는 법을 터득하고, 현실에 만족하는 삶을 살려고 노력했다. 자를 낙천이라 짓고 안분지족과 낙천지명을 생활철학으로 삼았기 때문인지 비교적 장수하고 평안하게 살았던 셈이다.

원진과 함께 신악부운동을 주창하며, 문학의 사회적 역할을 특히 중시하였다. 사회의 모순이나 정치 비판적인 시만 옳고, 그 외의 시대와 무관한 시는 아무리 잘 지어도 가치가 없다고 주장하였다. 때문에 누구나 쉽게 읽고 이해할 수 있도록 평이하게 시를 지어야 한다고 했다. 자신도 시를 짓고 나면 이웃집 노파에게 보여준 후 그가 이해할 수 있을 때까지 고쳤다는 일화가 전해온다. 그의 시는 언어가 매우 통속적이며 서사에 뛰어났다. 그러나 문학운동을 통해 사회를 개조할 수 있다는 소신이 허황된 환상이라는 것을 깨닫고는 주로 개인의 한정(閒靜)이나 슬픔을 읊는데 안주하게 된다.

당나라 때의 시인 중 가장 많은 시를 남겨 현존하는 시가 3,800여수에 이른다. 그 중 170여 수의 풍자시는 사회의 부조리를 폭로하고 백성의 고통을 사실적으로 묘사하였다. 또한 대표작으로 현종과 양귀비의 애정비극을 그린 「장한가(長恨歌)」와 기생의 비파 연주를 감상하며 그 소리를 절묘하게 묘사한 「비파행(琵琶行)」이 있다.

賦得古原草送別 부득고원초송별

離離原上草,	리리원상초,
一歲一枯榮。	일세일고영.
野火燒不盡	야화소부진,
春風吹又生。	춘풍취우생.
遠芳侵古道,	원방침고도,
晴翠接荒城。	청취접황성.
又送王孫去,	우송왕손거,
萋萋滿別情。	처처만별정.

'옛 들판의 풀'로 송별시를 짓다

무성하게 자란 들판의 풀,
해마다 한 번씩 시들었다 피어나네.
들불에 타도 없어지지 않고,
봄바람 불면 또 다시 돋아나네.
멀리 뻗은 풀들 옛 길을 덮었고,
푸른 초목은 황폐한 성에 이어졌네.
또 왕손 그대를 작별하려니,
무성한 풀처럼 이별의 정 가득하네.

赋得古原草送别

Fùdé Gǔyuáncǎo sòngbié

离离原上草， Lílí yuánshàng cǎo,
一岁一枯荣。 Yísuì yì kūróng.
野火烧不尽 Yěhuǒ shāo bújìn,
春风吹又生。 Chūnfēng chuī yòu shēng.
远芳侵古道， Yuǎnfāng qīn gǔdào,
晴翠接荒城。 Qíngcuì jiē huāngchéng.
又送王孙去， Yòu sòng wángsūn qù,
萋萋满别情。 Qīqī mǎn biéqíng.

자구풀이

1. 賦得(부득, fùdé) : 당나라의 과거규정에 의하면 지정된 시제(詩題) 앞에 '부득'이란 글자를 붙여서 부득체(賦得體)라 불렀다 함. 그 창작방법은 영물 시처럼 기승전결의 순서가 확실하고 대장이 정교해야 하나, 격식이 너무 엄격하여 좋은 작품이 드물었다고 함. (구실－부) (얻을－득)
2. 離離(리리, lílí) : 풀이 무성한 모양. (떼놓을－리)
3. 原(원, yuán) : 들판. (근원－원)
4. 枯榮(고영, kūróng) : 말랐다가 다시 무성해짐. (마를－고) (꽃－영)
5. 遠芳(원방, yuǎnfāng) : 먼 곳까지 뻗어 자라난 풀. (꽃다울－방)
6. 侵(침, qīn) : 만연함. (범할－침)
7. 晴翠(청취, qíngcuì) : 맑게 갠 날 보이는 풀의 녹색. (갤－청) (물총새－취)
8. 王孫(왕손, wángsūn) : 원래는 귀공자를 뜻하는 말이지만, 여기서는 이별하는 사람에 대한 미칭. (임금－왕) (손자－손)
9. 萋萋(처처, qīqī) : 풀이 무성한 모양. 여기서는 봄철의 무성한 풀처럼 이별의 정이 가득함을 말함. (풀이 무성하게 우거진 모양－처)

감상

시인의 나이 16세, 장안에 와서 과거에 응시하려고 준비하던 시절 '고원초(古原草)'라는 시제를 받고 지은 시라고 한다.

들풀을 소재로 하여 송별의 정을 읊었기 때문에 제목을 "草"라고도 한다. 황폐한 고원에 펼쳐진 들풀의 강한 생명력을 보고, 친구와 헤어져 섭섭한 심정을 들풀에 비유하여 우정이 영원히 이어갈 것임을 노래했다. 들판의 풀은 가을에는 말라죽고 봄에는 들불을 놓아 다 태워버리지만, 봄바람이 불면 다시 돋아나는 강한 생명력이 있다. 작자는 다시 돋아 난 풀이 멀리 허물어진 성곽까지 뻗는 왕성한 힘을 보고, 먼 길 떠나는 친구와의 우정도 들풀처럼 영원하다고 노래했다. 풍경묘사와 감정표현이 잘 어우러져 있고, 특히 3,4구는 풀의 왕성한 생명력을 표현한 명구로 유명하다.

『당재자전(唐才子傳)』에는 이 시에 대한 한 가지 일화가 전해진다. 무명 시절 백거이는 당시 문단의 명사이던 고황(顧況)에게 자신의 시를 비평해 달라고 청했다. 그러나 고황은 거들떠보지도 않고 "장안의 쌀값이 비싸니 거(居)하기가 쉽지(易)않군(長安米貴, 居大不易)!"이라고 조롱했다고 한다. 백거이의 이름으로 장난을 친 것이다. 그런데 위의 시를 보더니, "이렇듯 훌륭한 시를 지을 수 있다면, 장안에 사는 게 뭐 어렵겠소. 방금 전에 한 말은 농담이었소!"라고 했다고 한다. 이 일이 있은 후 백거이의 시명은 장안에 퍼져 나가 유명해 졌다.

39

행궁(行宮)

원진(元稹)

원진(元稹, 779~831)

원진은 자가 미지(微之)이고 하남성 낙양(洛陽) 사람이다. 덕종 때 진사가 되고 교서랑, 감찰어사 등을 지냈다. 그 뒤 환관과 고관의 질시를 받아 일시 좌천되기도 하였으나 목종(穆宗) 때에는 재상까지 지냈다. 그는 일찍이 백거이와 함께 신악부(新樂府) 운동을 제창하였으며 시가(詩歌)는 응당 백성의 질고를 반영하여 정치를 개량하는 데 도움이 되어야 한다고 주장했다. 그의 시는 사회문제를 반영하고 있고, 예술성에 있어서도 어느 정도 성과를 이루었지만 백거이 시를 따라가지는 못한다. 시집은 목종 장경 년간에 편집되어 ≪장경집(長慶集)≫이라 하였고, 그의 시체를 "장경체(長慶體)"라고 부른다.

行宮 행궁

寥落古行宮, 요락고행궁,
宮花寂寞紅. 궁화적막홍.
白頭宮女在, 백두궁녀재,
閑坐說玄宗. 한좌설현종.

행궁

텅 비고 쓸쓸한 옛 행궁에
궁궐의 꽃 적막하게 붉었네.
흰 머리 궁녀가 아직 남아서
한가로이 앉아서 현종 임금 얘기하네.

行宫 Xíng gōng

寥落古行宫, Liáo luò gǔ xíng gōng
宫花寂寞红. gōng huā jì mò hóng
白头宫女在, Bái tóu gōng nǔ zài
闲坐说玄宗. Xián zuò shuō Xuán zōng

자구풀이

1. 行宮(행궁, xíng gōng): 이궁(離宮)이라고도 하는데, 황제가 외부로 순행할 때 거처하는 곳이다. 여기서는 낙양(洛陽)의 상양궁(上陽宮)을 가리킨다. (다닐－행) (궁궐－궐)
2. 寥落(요락, liáoluò): 텅 비고 쓸쓸한 모습. (쓸쓸할－요) (떨어질－락)
3. 說玄宗(설현종, shuō Xuán zōng): 당(唐) 현종과 양귀비의 로맨스를 말하고 있다. 사실 이 궁녀는 그 밖의 견문이 하나도 없는 것이다. (말씀－설) (검을－현) (마루－종)

감상

이 시는 낙양에 있는 행궁인 상양궁(上陽宮)에 거처하는 궁녀의 비참한 인생을 소재로 하고 있다. 사실 왕권사회에서 황제가 찾지 않는 궁궐과 황제를 모시지 못하는 궁녀는 더 이상 존재가치가 없다. 백거이의 『신악부』 「상양궁의 백발노인」(上陽白髮人)에서는 이 궁녀가 천보 말년 16세 때 상양궁으로 들어와 60세가 되도록 갇혀 살았던 일, 처음에는 백 명의 궁녀가 들어왔으나 다 죽고 혼자 남은 일 등을 자세히 읊고 있는데, 원진은 이 「행궁」시에서 단 20자로 그 개요를 통괄하였다. 그 행궁에 아직도 봄이면 꽃이 피지만 아무도 보아 주지 않아 적막하기 짝이 없다. 젊은 날 황제를 보필하던 궁녀도 이제 나이가 들어서 아무도 보아 주지 않고 별다른 할 일도 없다. 다만 이곳을 찾는 나그네들에게 화려했던 그 옛날을 추억거리 삼으며 현종과 양귀비의 로맨스를 말해주고 있다. 이 궁녀는 그 일 말고는 다른 견문이 하나도 없는 것이다.

단 20자의 짧은 글로 엮였지만 천여 년이 지난 지금도 사람들의 마음을 허허롭게 만드는 이 시를 우리의 경복궁이나 창경궁을 떠올리며 감상해 보면 어떨까. 20자 속에 궁(宮) 자를 3회나 썼지만 중복되는 느낌이 없고 오히려 기세가 강해지고 있다.

40

강에 눈이 내리고(강설 江雪)

유종원(柳宗元)

유종원(柳宗元, 773~819)

자가 자후(子厚)이고 본적은 하동(河東, 산서성)이었기에 '유하동'이라 부른다. 21세에 진사에 급제, 26세에 박학굉사과(博學宏詞科)에 합격하고 벼슬에 나가 30세에 감찰어사가 되었다. 순종이 즉위한(805) 뒤, 유우석과 함께 왕숙문(王塾文) 등이 주도하는 이른바 '영정(永貞)혁신(805)'이라는 정치개혁에 적극 가담했으나 혁신정치가 실패로 끝나자 유종원과 유우석은 추방당했다. 32세의 젊은 나이로 영주사마(永州司馬)로 10년, 유주자사(柳州刺史)로 3년을 지내다 47세로 임지에서 죽었기 때문에 '유유주'라고도 부른다. 그는 좌천되어 죽기까지 많은 선정을 베풀었고, 많은 저술활동을 했다. 그의 문학생명은 좌천 이후 쓴 작품에서 오히려 더 빛을 발하고 성취를 이뤘다. 박학다재하여 한유와 함께 고문운동을 제창했다.

유종원의 인격에 대한 기록이 있다. 유종원이 영주로부터 다시 유주로 파견되었을 때, 유우석은 다시 파주로 파견되었다. 파주는 유주보다 더욱 황폐한 곳이었다. 유종원은 이 소식을 듣고 눈물을 흘리며 이렇게 말했다. "몽득(夢得, 유우석의 자)의 어머님이 고향에 계신데 돌아가 무어라 할지 난감하겠군! 아들이 죄를 지었다고 어머니까지 벌 받을 수는 없지 않은가!"라며 자신의 임지와 유우석의 임지를 바꿔달라는 진정서를 냈다. 비록 실현되지는 않았지만. 한유는 유종원묘지명에 "선비는 어려울 때에 비로소 그의 절개와 의리를 알 수 있다(士窮乃見節義)"라고 감탄하며 이 일을 기록했다.

江雪 강설

千山鳥飛絶,	천산조비절,
萬徑人踪滅。	만경인종멸.
孤舟簑笠翁,	고주사립옹,
獨釣寒江雪。	독조한강설.

강에 눈이 내리고

온 산에는 새 날기 그치고,
온 길에는 사람 발자취 끊겼네.
외로운 배엔 도롱이에 삿갓 쓴 늙은이,
눈 내리는 추운 강에서 홀로 낚시질하네.

江雪 Jiāngxuě

千山鸟飞绝, Qiānshān niǎofēi jué,
万径人踪灭。 Wànjìng rénzōng miè.
孤舟蓑笠翁, Gūzhōu suōlì wēng,
独钓寒江雪。 Dúdiào hánjiāng xuě.

자구풀이

1. 人踪(인종, rénzōng) : 사람의 종적. 발자취. (자취－종)
2. 蓑笠翁(사립옹, suōlì wēng) : 도롱이 걸치고 삿갓 쓴 늙은이. (도롱이－사) (우리－립) (늙은 이－옹)
3. 釣(조, diào) : 낚시질. 낚시질함. (낚시－조)

감상

온 세상은 움직임 없는 은백색의 정지된 화면. 멀리 쪽배에 도롱이 입고 삿갓 쓴 늙은이가 눈 내리는 강에서 홀로 낚시질하는 움직임이 잠깐 보인다. 감정의 표출을 극도로 절제하여 오직 한 폭의 수묵화 속에 속세를 초월한 한적함만이 담겨 있다.

전반부에서는 새와 사람의 단절로 정적인 자연을 묘사했다. 작자는 속세와 단절된 고요와 평화를 맛본다. 자연과 하나가 된 자유를 얻은 것이다.

후반부에는 눈 내리는 추운 강 외롭게 배 위에서 한 노인이 도롱이와 삿갓을 쓰고 낚시질을 한다. 낚시질하는 노인은 다름 아닌 바로 작자 자신인 것이다. '추운 눈 내리는 강(寒江雪)'은 이 시의 화룡점정(畵龍點睛)으로 작가의 탈속한 경지와 내면의 고독을 암시한다. 또한 낚시질하는 노인의 모습은 자연과 동화되고자하는 작자의 마음을 표현한 것이다.

유종원의 대표적인 시로, 영주(永州)로 폄적된 때 쓴 것이다. '외로운 배에 도롱이와 삿갓 쓴 늙은이'는 바로 영주에서의 자신을 상징하고, 정치적 실의에서 벗어나 자연에 동화되고자 애쓰는 모습을 그린 것이다. 정련된 솜씨를 발휘하여 청아하고 담백하게 그려냈다.

41

은자를 방문했으나 만나지 못해

(심은자불우 尋隱者不遇)

가도(賈島)

가도(賈島, 779~843)

자는 낭선(浪仙), 범양(范陽) 사람이다. 젊어서 출가하여 승려가 되었다가 후에 환속하였으며 법명은 무본(無本)이다. 장안의 청룡사에 기거하며 스스로 '갈석산인(碣石山人)'이라 불렀고, 맹교, 장적, 요합 등과 화창하며 교분을 쌓아 시로 유명해졌다. 환속 후 과거를 봤으나 낙방하고 지방 하급 관리를 지내다가 일생을 마쳤다.

시어의 정교한 탁마에 집중하여 '퇴고(推敲)'의 일화를 만들어 냈다. 시구를 수없이 다듬고 고치면서 정련하는 전형적인 고음시인으로, '시 두 구를 3년 만에 얻었으니 읊을 때마다 눈물이 흐른다. 만약 친구가 이 시구를 알아주지 않는다면 가을에 고향 산으로 은거해 버리리라.'고 스스로 주를 달아 말할 정도로 시어에 고심한 사람이다. 평이한 표현보다는 난삽한 표현을 더 선호하였다.

尋隱者不遇 심은자불우

松下問童子, 송하문동자,
言師採藥去。 언사채약거.
只在此山中, 지재차산중,
雲深不知處。 운심부지처.

은자를 방문했으나 만나지 못해

소나무 아래에서 동자에게 물었더니,
스승은 약초 캐러 가셨다고 대답하네.
이 산속에 계신 것은 틀림없는데,
구름 깊어 계신 곳을 알 수 없구나.

寻隐者不遇 Xún yǐnzhě bú yù

松下问童子,　Sōngzià wèn tóngzǐ,
言师采药去。　Yán shī cǎoyào qù.
只在此山中,　Zhǐzài cǐshānzhōng,
云深不知处。　Yúnshēn bùzhī chù.

자구풀이

1. 尋(심, xún) : 찾음. 방문함. (찾을－심)
2. 隱者(은자, yǐnzhě) : 은거하는 사람. 벼슬하지 않고 자연과 더불어 도를 닦으며 사는 사람. (숨길－은)(놈－자)
3. 童子(동자, tóngzǐ) : 은자의 심부름을 하는 어린 제자. (아이－동) (아들－자)

감상

구어처럼 쉽고 평이하지만 내용은 모호하여, 이해하기 쉬운 말로 모호한 정취를 전달하고 있다. 이 시에는 방문자, 동자, 은자 세 인물이 출현한다. 앞의 두 구는 방문자와 동자의 일문일답을, 뒤의 두 구는 대답 속에서 질문을 찾고 있다. 주인공인 은자에 대한 일체의 설명은 없다. 다만, 소나무, 구름, 동자, 약초 등으로 주인공을 짐작케 할 뿐이다. 속세를 떠나 깊은 산속에 은거하면서, 청송과 벗하고, 약초를 캐며 세상 사람을 도와주며 살아가는 은자. 품행이 고결하고 세속에 초연한 사람으로 짐작된다.

첫 구절의 '소나무 아래에서 동자에게 물었더니'에서 '묻다'라는 글자를 통해 작자가 희망을 가지고 찾아왔음을 알 수 있다. 그리고는 '스승은 약초 캐러 갔다'는 예상 못한 대답에 한순간 실망이 이어진다. 그리고 '이 산 속에 있다'는 말을 듣고 다시 한 줄기 희망이 싹트게 된다. 마지막에서 '구름 깊어 계신 곳을 알 수 없다'는 아주 모호한 이미지를 배치하여 독자들에게 여운을 남겨뒀다. 은자를 찾고자 했으나 만나지 못한 실망감을 독자들에게 구름 속에서 탐색하고 음미하며 상상해보도록 한 것이다.

작자는 일찍이 출가하여 스님이 되었다가 환속한 사람으로, 은연중에 세속의 번뇌에서 벗어나 은자처럼 깊고 한적한 생활을 동경하는 내심을 나타냈다고 볼 수도 있다.

가도와 한유에 얽힌 고사를 하나 소개하겠다. 가도가 당나귀를 타고 가다가 "새는 연못가 나무에서 잠들고, 스님은 달빛 어린 대문을 밀친다(鳥宿池邊樹, 僧推月下門)"라는 시구를 얻었다. 그런데 뒤 구절의 '밀다(推)'를 '두드리다(敲)'로 해야 될지 좀처럼 결정을 할 수 없었다.

고개를 떨어뜨리고는 밀고 두드리는 손동작을 계속하다가, 행차하는 어느 관료의 의장대 속으로 끼어든 것도 몰랐다. 그 관료가

감상

바로 한유였다. 한유는 이 진지한 시인이 맘에 들어 그의 고민을 거들어 주었다. 한유의 충고를 받아 가도는 '두드리다(敲)'로 결정했으며, 이를 계기로 두 시인은 친구가 되었다. 요즘도 '자구(字句)를 다듬다' 또는 '이것저것 곰곰이 생각하다'라는 의미로 쓰이는 "퇴고(推敲)"라는 말은 이렇게 생겨난 것이다.

42

버들 골목(유항 柳巷)

한유(韓愈)

한유(韓愈, 768~824)

한유는 자가 퇴지(退之)이고 하양(河陽, 지금의 하남성 맹현)사람이다. 선조가 하남성 창려(昌藜)에서 살았기 때문에 창려선생이라고 칭해지며, 시호는 문공(文公)이다. 그는 세 살 때 아버지를 여의고 형수인 정씨에게서 양육되었다. 어릴 때부터 열심히 공부하여 육경백가(六經百家)에 통달했고, 성인의 도를 밝히는 데 뜻을 두어 마침내 대문장가가 되었다. 덕종(德宗) 정원(貞元) 8년(792)에 진사가 되었고, 그 후 벼슬이 이부시랑(吏部侍郎)에까지 이르렀다. 그러나 한때 강직한 성품으로 인해 헌종(憲宗)이 부처의 사리를 궁궐에 모시는 것을 반대하다가 남방의 조주자사(潮州刺史)로 폄적되기도 하였다. 그는 고문의 대가로 당송팔대가의 한 사람이지만 시에서도 탁월한 지위를 점하였다. 그는 고전시의 새로운 길을 모색하고자 하여 기괴한 시어를 사용하였고, 시구에서도 글자수와 구법의 변화를 시도하였다. 이로 인해 그의 시는 기험괴벽(崎險怪癖)하다거나 압운한 산문에 불과하다는 악평을 받았다. 하지만 후대, 특히 송대에 지대한 영향을 미쳐 송시가 당시와 다른 면모를 갖추는데 일조하였다. 작품집으로는 ≪창려선생집(昌藜先生集)≫이 있다.

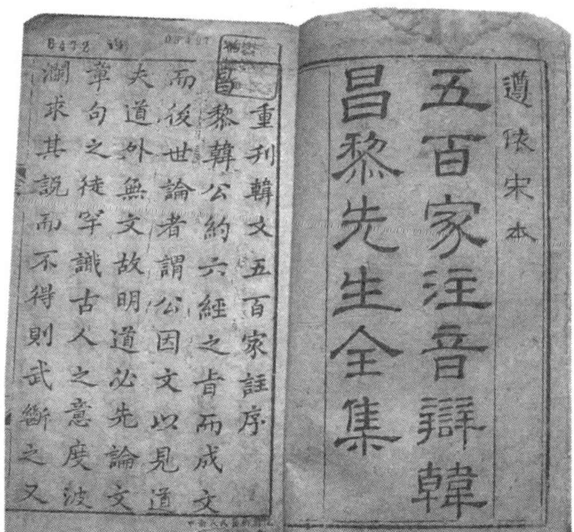

柳巷 유항

柳巷還飛絮, 유항환비서,
春餘幾許時. 춘여기허시.
吏人休報事, 이인휴보사,
公作送春詩. 공작송춘시.

버들 골목

버들 골목에 또다시 버들 솜이 날리니,
봄이 얼마나 남았을까?
아전들은 일을 보고하지 말라.
나는 봄을 보내는 시나 지어야겠다.

柳巷 Liǔ xiàng

柳巷还飞絮, Liǔ xiàng hái fēi xù,
春馀几许时. Chūn yú jǐ xǔ shí.
吏人休报事, Lì rén xiū bào shì,
公作送春诗. Gōng zuò sòng chūn shí.

자구풀이

1. 柳巷(유항, liǔ xiàng): 버들이 많이 심어져 있는 골목. (버들－유)
2. 還(환, hái): 다시, 또. (돌아올－환)
3. 絮(서, xù): 버들 솜. (솜－서)
4. 幾許(기허, jǐ xǔ): 얼마나. (몇-기) (허락할-허)
5. 吏人(이인, lì rén): 아전들. (벼슬아치-리) (사람-인)
6. 休(휴, xiū): ~하지 마라. (쉴－휴)
7. 公(공, gōng): 여기서는 작자 자신을 가리킨다. (공평할－공)

감상

이 시는 한유의 일반적인 다른 시들과는 달리 아주 평범한 글자와 구어체를 사용하여 자신의 마음을 읊었다. 봄은 진작부터 자신이 일하는 관아의 골목 앞에까지 와 있었다. 이제 버들 솜이 날리니 버드나무 이파리도 나올 만큼 나왔고, 주위의 꽃들도 이미 지고 있을 터이다. 봄이 왔건만 나는 무엇을 했던가? 꽃구경도 변변히 하지 못하고 관아에 박혀서 일만 하고 있었던 것이다. 이제 오늘만큼은 하던 일을 멈추고 봄의 끝자락을 만끽하고 싶다. 하지만 자신이 할 수 있는 일은 봄을 즐기는 시도 아니고 봄을 찬양하는 시도 아니며 봄을 보내는 시이다. 이미 청춘을 일로 보내 버렸기에 이제 봄은 더 이상 자신의 일이 아니다. 인생의 봄을 보내고 가을을 준비하는 담담한 마음이 엿보이기도 한다.

만당시 晩唐詩

산행(山行)

청명(淸明)

비 오는 밤 북쪽의 아내에게 부치다(야우기북 夜雨寄北)

무제(無題)

만당시기의 시

만당 시기는 기울어져가는 당나라의 운명처럼 세기말적 퇴폐풍조가 만연하였고 시풍도 유미주의적인 성향으로 기울었다. 만당 시인들은 시의 공용적인 측면을 외면하고 자신의 개인적인 정서나 고민을 아름다운 형식에 담아 표현하는 데 힘썼다. 그리하여 남조시대의 시풍이 다시 등장하고 괴탄파의 기교주의가 더욱 세밀해지는 등 문학의 미적 가치를 중시하게 되었다.

대표적인 시인으로는 두목(杜牧), 이상은(李商隱), 한악(韓偓), 온정균(溫庭筠)을 들 수 있다. 이들은 문학의 예술적 정취를 위하여 문자의 조탁과 음률의 조화, 그리고 대구와 전고의 사용 등 형식적인 면에 힘을 써서 당시의 예술성을 계속 발전시켰다. 한편 만당 후기로 오면서 정국은 더욱 혼미해지고 기강은 완전히 이완되어 종말이 다가오는 시기에 두보, 백거이의 사실주의 전통을 이은 시들이 창작되었다. 대표적인 시인으로는 피일휴(皮日休), 두순학(杜荀鶴) 등이 있다.

43

산행(山行)

두목(杜牧)

두목(杜牧, 803~852)

자는 목지(牧之)이고 호는 번천(樊川)이며, 경조(京兆) 만년(萬年, 섬서성 서안)사람이다. 이름 있는 가문의 자제로 조부 두우(杜佑)는 유명한 역사가이며 3대의 재상을 지냈던 사람이다. 명문자제답게 26세에 진사에 급제하고 다시 상급시험인 현량방정과(賢良方正科)에도 합격히어 엘리트관료로 출발했다. 그러나 정치적인 배척을 받아 한동안 막부의 관료나 지방관을 지내는 등 벼슬길이 순조롭지 않았다. 그러다가 홍문관교서랑, 병조참군, 감찰어사 등을 역임하면서 순탄한 길로 들어섰고, 만년(852년)에는 중서사인(임금의 보좌관)을 하다 11월 죽었다.

장기간의 지방관생활을 주색으로 달랬으며, 방탕한 생활과 풍류를 즐겼기 때문에 풍류재자(風流才子)라고 일컬어지나, 강직하고 수완 있는 관료로도 이름이 높다. 오랫동안 강남에 체류했기 때문에 아름다운 강남풍경과 향락적인 도시생활을 즐겨 노래했다. 화려하고 염정적인 색채가 짙어 중국화류문학의 신기원을 이뤘다는 평을 받았다. 그러나 한편으로는 현실을 직시하고 우국의 정서를 담은 작품도 적지 않다. 특히 칠언절구는 세련된 언어를 구사하며 애수가 깃들어 있어 사람들이 애송한다. 성당의 두보를 '노두(老杜)', 만당의 두목을 '소두(小杜)'라고 부른다. 작품집 『번천(樊川)문집』에 200여 수의 시가 전한다.

山行 산행

遠上寒山石徑斜,　원상한산석경사,
白雲生處有人家。　백운생처유인가.
停車坐愛楓林晩,　정거좌애풍림만,
霜葉紅於二月花。　상엽홍어이월화.

산행

멀리 쓸쓸한 산 경사진 돌길,
흰 구름 이는 곳에 인가가 보인다.
수레 멈춘 것은 황혼의 단풍숲 사랑하기 때문,
서리 맞은 단풍잎 이월의 꽃보다 더 붉네.

山行 Shānxíng

远上寒山石径斜, Yuǎnshàng hánshān shíjìng xiá,
白云生处有人家。 Báiyún shēngchù yǒurénjiā.
停车坐爱枫林晚, Tíngjū zuò'ài fēnglín wǎn,
霜叶红于二月花。 Shuāngyè hóngyú èryuè huā.

자구풀이

1. 寒山(한산, hánshān) : 차가운 산. 여기서는 늦가을의 산을 말함. (찰－한)
2. 石徑(석경, shíjìng) : 돌길. (길－경)
3. 坐(좌, zuò) : ~ 하기 때문에. (앉을－좌)
4. 楓(풍, fēng) : 단풍나무.
5. 於(어, yú) : '~ 보다'라는 비교를 나타냄. (어조사－어)
6. 二月花 (이월화, èryuèhuā) : 2월의 꽃, 즉 봄꽃.

감상

늦가을 단풍 든 산의 경치를 묘사한 사경(寫景)시이다. 산길, 인가, 흰 구름, 붉은 단풍이 어우러져 가을의 정취를 그린 한 폭의 그림 같다. 쓸쓸한 가을 산의 흰 구름과 붉게 물든 단풍을 대비시켜 선명한 색채미를 과시하고 있다.

특히 이 시의 묘미는 뒤의 두 구절에 있다. 저녁놀에 비낀 서리 맞은 단풍잎이 음역 2월에 활짝 핀 봄꽃보다 더욱 농염하다는 표현이 시 전체에 생기를 불어넣어 준다. 시인은 황혼의 단풍 숲을 너무 사랑하여, 수레를 멈추고 돌아가는 것도 잊어버린 채 넋을 잃고 가을 산의 정취에 흠뻑 취해 있다. 어쩜 황혼에 물든 가을 단풍잎을 바라보며 인생의 황혼을 떠올렸는지 모르겠다. 가을 서리의 잔혹함을 이겨낸 단풍잎이 생기발랄한 봄꽃보다 더 붉다고 찬미한 것은 온갖 풍상을 견디고 살아낸 인생의 황혼이 청춘보다 더 아름답다고 여겼기 때문은 아닐까? 가을 단풍이 봄꽃을 능가하고 있다.

44

청명(淸明)

두목(杜牧)

淸明 청명

淸明時節雨紛紛,　　청명시절우분분,
路上行人欲斷魂。　　노상행인욕단혼.
借問酒家何處有,　　차문주가하처유,
牧童遙指杏花村。　　목동요지행화촌.

청명

청명의 좋은 시절 부슬부슬 내리는 비,
길 가는 나그네는 시름겨워진다네.
묻노니 주막이 어디쯤인가,
목동은 멀리 살구꽃 핀 마을을 가리키네.

清明 Qīngmíng

清明时节雨纷纷， Qīngmíng shíjié yǔ fēnfēn,
路上行人欲断魂。 Lùshàng xíngrén yù duànhún.
借问酒家何处有， Jièwèn jiǔjiā héchù yǒu,
牧童遥指杏花村。 Mùtóng yáozhǐ xìnghuācūn.

자구풀이

1. 淸明(청명, qīngmíng) : 청명절. 24절기 중 다섯 번째에 해당되며, 춘분으로부터 15일이 지난 양력 4월5일 전후. 이때는 기후가 좋아 교외로 봄놀이 가고 성묘하는 풍습이 있음. (맑을－청) (밝을－명)
2. 行人(행인, xíngrén) : 나그네. 여기서는 작자 자신을 가리킨다고 해도 됨. (갈－행)
3. 借問(차문, jièwèn) : 묻다. (빌－차) (물을－문)
4. 斷魂(단혼, duànhún) : 혼을 뺄 듯 시름겨운 모양. 넋을 잃을 정도로 애가 타는 모양. (끊을－단) (넋－혼)
5. 杏花村(행화촌, xìnghuācūn) : 살구꽃 핀 마을. (살구나무－행) (꽃－화) (마을－촌)

감상

청명절은 '淸明' 그대로 하늘이 맑고 밝아 백화가 만발하는 좋은 계절이라, 사람들은 교외로 봄놀이를 가고 조상의 성묘도 하는 날이다. 봄비가 부슬부슬 내리는 속에 봄날의 정취를 한껏 즐기는 이 날, 홀로 길을 가던 나그네는 허탈해졌다. 식구들과 함께 청명절을 보내지 못해 마음이 아프고 시름겨워진 것이다. 이 고독감을 달래고자 목동에게 주막을 물어 보자 목동은 손으로 멀리 보일 듯 말 듯 살구꽃으로 둘러싸인 마을을 가리킨다. 살구꽃이 붉게 핀 조그만 마을! 거기에는 틀림없이 살구꽃 아래 주점 깃발이 펄럭이고 있으리라. 싱그러운 계절의 경물과 이로 인한 작자의 서글픈 모습이 잘 어우러져 있다.

이 시의 아름다움은 두 가지이다. 하나는 정취의 아름다움이고, 다른 하나는 낭송할 때의 음률의 아름다움이다. 정취의 아름다움은 영화장면처럼 선명하게 떠올릴 수 있지만 음률의 아름다움은 격률을 잘 지켰을 때만 느낄 수 있다.

중국어의 성조는 음의 높낮이를 말하는 것이다. 한자는 매 글자마다 자신의 성조가 있기 때문에, 평성자과 측성자를 교차하면서 쓰면 리듬감이 있어서 낭송할 때 음률의 아름다움을 느끼게 해 준다. 격률 시는 2, 4, 6번째 글자에 절주점이 있기 때문에 이들 글자의 평측을 서로 엇갈리게 해서 리듬을 살려야 한다. 제1구와 제2구의 절주점은 평측이 서로 반대가 되어야 하며, 제2구와 제3구는 같아야 하고, 제3구와 제4구는 다시 반대가 되어야 한다. 이렇게 절주점이 교차되면 낭송할 때 고저의 변화가 있어서 특히 아름답다. 이 시는 이러한 절주를 잘 지켜 낭송하면 음률의 아름다움을 느낄 수 있다.

45

비 오는 밤 북쪽의 아내에게 부치다

(야우기북 夜雨寄北)

이상은(李商隱)

이상은(李商隱, 812~858)

자는 의산(義山)이고 호는 옥계생(玉溪生)이며, 회주(懷州, 하남성)사람이다. 몰락한 가문에서 태어나, 갖은 고생 끝에 26세에 그 당시 조정의 실력자 영호초(令狐楚)의 추천을 받아 진사에 급제하고 관직에 발을 들여놓았다. 그러나 우이(牛李)당쟁에 휘말려 결국 정쟁의 희생양이 되어 정치적 뜻을 이루지 못했던 불우한 인물이다.

치열한 당쟁의 회오리에 휘말려 평생을 실의와 낙담으로 살아온 삶을 시가에 반영하여 번민과 우수에 잠긴 내용이 많다. 그러나 치밀한 구상과 풍부한 상상력, 우미하고 낭만적인 색채가 농후하여 아름다운 품격을 갖추고 있다. 두목의 뒤를 이어 만당 시단을 화려하게 장식한 유미주의 시인으로 예술적 성취가 크다.

특히 그의 연정시「무제(無題)」는 중국연정시의 백미로 꼽히며, 화려한 수사를 동원하여 염려한 연정시의 전형을 창조하고 있다. 지나치게 전고를 많이 사용하고 난해한 시어를 구사하여 회삽하기로도 유명하나, 몽롱하고 아름다운 운율과 미려한 표현은 읽을수록 무궁한 정취를 느끼게 해준다. 그의 수사기법은 만당 송초의 시인들에게 많은 영향을 주어 북송초기 서곤파(西崑派)를 낳게 하였다.

夜雨寄北 야우기북

君問歸期未有期,　　군문귀기미유기,
巴山夜雨漲秋池。　　파산야우창추지.
何當共剪西窓燭,　　하당공전서창촉,
卻話巴山夜雨時。　　각화파산야우시.

비 오는 밤 북쪽의 아내에게 부치다

그대 돌아올 날 묻지만 아직 기약 없구려,
파산엔 밤비 내려 가을 연못 넘친다오.
언제쯤 함께 서쪽 창가에서 촛불심지 자르며,
파산에 밤비 내리던 때를 얘기할 수 있을까.

夜雨寄北 Yèyǔ jì běi

君问归期未有期, Jūn wèn guīqī wèi yǒuqī,
巴山夜雨涨秋池。Bāshān yèyǔ zhǎng qiūchí.
何当共剪西窗烛, Hédāng gòngjiǎn xīchuāng zhú,
却话巴山夜雨时。Quèhuà Bāshān yèyǔ shí.

자구풀이

1. 君(군, jūn) : 그대. 여기서는 아내를 가리킴. (임금－군)
2. 未有期(미유기, wèiyǒuqī) : 아직 언제 돌아갈 지 알 수 없음. (아닐－미) (있을－유) (기약할 －기)
3. 巴山(파산, Bāshān) : 사천성 동남쪽 일대의 옛 파촉(巴蜀)지방 산을 범칭한 말. (땅이름－파) (뫼－산)
4. 漲(창, zhǎng) : 물이 불어 넘침. (불을－창)
5. 何當(하당, hédāng) : '언제나 마땅히 ~할까?'라는 뜻의 시간에 대한 의문사. 언젠가. (어찌－하) (당할－당)
6. 剪(전, jiǎn) : 촛불 심지를 '자름'. (자를－전)
7. 西窓(서창, xīchuāng) : 서쪽으로 나 있는 창문. 일반적으로 서쪽으로 창문이 있는 방은 부인의 거실을 가리킴. (서녘－서) (창－창)
8. 卻話(각화, quèhuà) : 회고하여 이야기 함. 지금의 일을 옛날이야기 삼아 돌이켜 이야기함. (물리칠－각) (말할－화)

감상

파촉지방은 중국의 변방 오지에 속한다. 이 외진 곳에 작자는 낮은 벼슬살이를 하느라 아내를 북(장안)에 두고 와 있다. 편치 않은 마음으로 살아가고 있는 터에 이 밤 따라 웬 가을비가 그리도 극성스레 내리는지 연못이 온통 불어 넘친다. 파산에 내리는 빗소리를 듣노라니 한없이 외롭고 서글퍼진다. 아내가 그립다. 아내는 편지마다 언제 오느냐고 물어오지만 언제라고 대답해 줄 수가 없다, 언제면 우리 함께 촛불 밝히고 긴 밤 지새우며, 파산 밤비 내릴 때의 쓸쓸했던 심정을 옛 이야기하듯 할 수 있으려는지? 비 내리는 가을밤에 두고 온 아내를 그리워하는 작자의 심경이 절절이 넘쳐난다.

시어가 평이하고 담담하지만 그 속에 시인의 깊은 정이 느껴진다. 전통적인 시작에서는 일반적으로 동일자의 중복을 피하는 것이 상례이나, 이 시는 짧은 절구인데도 '期'와 '巴山夜雨'를 중복 사용했다. 그러나 전혀 번거롭게 느껴지지 않으니 그 기교는 가히 독보적이라 할 것이다. 첫 구에는 7자 중 '期'자를 두 번 중복하여 '기약'을 강조했고, 제2구와 제4구에는 '巴山夜雨'를 두 번 되풀이해 견디기 어려운 '파산의 밤비'를 강조했다. '밤'이라는 시간적 상황과 '파산'이라는 공간적 상황, 그리고 '비'라는 매체가 아내를 향한 애정의 깊이를 더욱 깊게 한다.

46

무제(無題)

이상은(李商隱)

無題 무제

相見時難別亦難,	상견시난별역난,
東風無力百花殘。	동풍무력백화잔.
春蠶到死絲方盡,	춘잠도사사방진,
蠟炬成灰淚始乾。	납거성회루시간.
曉鏡但愁雲鬢改,	효경단수운빈개,
夜吟應覺月光寒。	야음응각월광한.
蓬山此去無多路,	봉산차거무다로,
青鳥慇懃爲探看。	청조은근위탐간.

무제

만나기도 어렵더니 헤어짐도 어려워라,
봄바람도 힘이 없어 온갖 꽃 시드네.
봄누에 죽어서야 실뽑기를 그치고,
촛불은 재 되어야 눈물이 마른다네.
새벽 거울 보며 검은머리 변했다 근심하고,
한밤 시 읊으며 달빛 차게 느끼겠지.
봉래산은 여기서 그리 멀지 않거늘,
파랑새야 날 위해 은밀하게 찾아보렴.

无题
Wútí

相见时难别亦难,
Xiāngjiànshí nán bié yì nán,

东风无力百花残。
Dōngfēng wúlì bǎihuā cán.

春蚕到死丝方尽,
Chūncán dàosǐ sī fāng jìn,

蜡炬成灰泪始干。
Làjù chénghuī lèi shǐ gān.

晓镜但愁云鬓改,
Xiǎojìng dànchóu yúnbìn gǎi,

夜吟应觉月光寒。
Yèyín yīngjué yuèguāng hán.

蓬山此去无多路,
Péngshān cǐqù wú duō lù,

青鸟殷懃为探看。
Qīngniǎo yīnqīn wèi tàn kān.

자구풀이

1. 無題(무제, wútí) : 제목 없음. 시문을 써 놓고 제목을 달고 싶지 않을 때 표제로 사용함. 이상은의 시에는 10여수의 무제시가 있음. (없을－무) (표제－제)
2. 東風(동풍, dōngfēng) : 봄바람. 남풍은 여름바람, 서풍은 가을바람, 북풍은 겨울바람.
3. 殘(잔, cán) : 해치다, 죽이다. 여기서는 꽃이 진다는 뜻. (해칠－잔)
4. 春蠶(춘잠, chūncán) : 봄에 치는 누에. (누에－잠)
5. 絲(사, sī) : 실. '絲'는 '思'와 음이 같기 때문에 '그리움(思)'의 의미도 함께 나타내는 쌍관어임. (실－사)
6. 方(방, fāng) : 비로서. (모－방)
7. 蠟炬(납거, làjù) : 밀랍으로 만든 초. (밀－랍) (횃불－거)
8. 淚(루, lèi) : 눈물. '淚'는 촛농과 눈물을 동시에 의미하는 쌍의어로 쓰임. (눈물－루)
9. 乾(간, gān) : '乾'은 '하늘'이라는 뜻인데, '마르다'의 뜻일 때는 '간'으로 읽음. (하늘－건, 마를－간)
10. 雲鬢(운빈, yúnbìn) : 구름 같은 검은 머리. 여인의 숱이 많고 까만 아름다운 머리를 형용. (구름－운) (살쩍－빈)
11. 改(개, gǎi) : 여기서는 색이 변하는 것, 즉 머리털이 하얗게 시는 것을 의미. (고칠－개)
12. 蓬山(봉산, péngshān) : 봉래산. 전설에 의하면 바다 한가운데 있는 신선이 산다는 섬. 여기서는 사랑하는 여인이 사는 곳을 지칭. (쑥－봉) (뫼－산)
13. 青鳥(청조, qīngniǎo) : 소식을 전해 준다는 파랑새. 신화 속의 다리가 셋 달린 삼족조(三足鳥). 중국신화 속에 나오는 곤륜산에 살면서 불사약을 가지고 있었다는 서왕모(西王母)가 키웠다고 함. 한무고사(漢武故事)에 서왕모가 한 무제를 만날 때엔 언제나 이 새가 먼저 궁궐 앞에 와 소식을 전했다 함. 때문에 후세사람들은 파랑새를 소식을 전달해 주는 사신으로 여겼음. (푸를－청) (새－조)
14. 慇懃(은근, yīnqīn) : 은밀함. (성할－은) (부지런할－근)

감상

이상은의 시에는 10여 수의 「무제시」가 있다. 「무제시」는 시문을 써 놓고 제목을 달고 싶지 않을 때 표제로 사용한다. 특히 남에게 밝히기 어려운 말 못할 사랑을 노래했을 때 많이 사용하여 연정시의 대명사로 부르기도 한다. 이 시에도 이루지 못할 사랑을 하다 헤어져, 감내하기 어려운 슬픈 이별을 절절하게 노래하고 있다.

첫째 연은 사랑의 아픈 이별을 이야기하고 있다. 진정 사랑하는 연인을 만나기도 어렵지만, 그와 헤어지는 것은 더욱 어렵다. 온갖 생명을 살려 봄꽃을 만개시키던 봄바람도 이젠 무력해져 꽃들도 시든다. 두 사람의 행복했던 시간도 다 가도 이별의 순간이 왔음을 암시하고 있다.

둘째 연은 지고지순한 사랑을 이야기하고 있다. '봄누에가 죽어서야 실뽑기를 그치고, 촛불은 재가 되어야 눈물이 마른다.' 는 이 시구는 천고를 두고 회자되는 명구이다. 시적 자아도 죽어서야 비로소 이별의 한과 슬픔을 그칠 수 있다는 서러운 호소이다. 특히 '絲'는 '思'와 쌍관어로 사용되었고, '淚'는 촛농과 눈물을 같은 이미지로 사용하였다. 그래서 '그리워하는 마음은 죽어서야 그치고, 눈물은 죽어서야 마른다.'는 지고지순한 사랑의 표현으로 회자되고 있다.

셋째 연은 헤어진 여인을 그리워하며 그녀를 상상 속에서 그려 본 것이다. 아침부터 밤까지 자신을 그리워하고 있을 그 여인을 생각해 본다. 그녀는 아침에 일어나면 거울 앞에 앉아 임 생각에 하얗게 세 진 머리카락을 바라보고 슬퍼하고 있을 것이다. 또 밤에는 그리운 마음을 달래느라 시를 읊조리며 오랜 시간 있노라니 달빛이 차갑다고 느낄 것이다. 그녀의 시름하는 모습을 상상하며 자신도 그녀를 그리워하고 있음을 완곡하게 드러내고 있다.

넷째 연은 그녀의 소식을 듣고 싶은 간절한 희망을 표현했다. 여기에서 '봉산'은 여인이 있는 장소이며 '파랑새'는 소식을 전해

감상

주는 메신저이다. 그녀가 있는 곳은 그리 멀지 않지만 쉽게 다가갈 수 있지는 않은 곳인 듯하다. 파랑새에게 그녀가 지금 무엇을 하는지 은밀하게 알아봐 달라고 부탁하는 마음에서 그녀와의 해후를 기대하는 간절한 소망이 들어있다. 신화속의 전고를 이용하여 그 의미를 심화시켰다.

이 시는 남에게 드러낼 수 없으며 이루어질 수 없는 사랑을 하다가, 어쩔 수 없이 헤어지게 된 여인을 그렸다. 일설에 의하면 이상은이 사랑했던 여인은 궁녀라는 설과, 도관의 여도사라는 설이 있다.

북송시 北宋詩

북송(北宋)시 개설

송(宋)나라는 태조(太祖) 조광윤(趙匡胤, 960~975 재위)이 후주(後周)를 이어받아 나라를 세운 뒤, 1125년 금나라 군대의 침입으로 흠종(欽宗)이 휘종과 함께 금의 군대에 잡혀가기까지의 168년간을 북송(北宋), 휘종의 아들인 고종(高宗, 1127~1162 재위)이 남쪽으로 도망 와 즉위한 뒤 1279년 송나라가 원나라에 완전히 망할 때까지의 153년 동안을 남송(南宋)이라 한다.

남북송은 시종 정치적으로는 혼란하고 대외적으로는 무력했지만, 상공업의 발달과 경제적인 번영에 힘입어 중국문화가 극도로 발전했던 시기이다. 귀족들의 사치와 시민들의 연락(宴樂) 추구로 인해 시문(詩文)뿐 아니라 사(詞)와 강창(講唱) 등의 민중문예까지도 극도의 발전을 이루었다.

송시는 무엇보다도 시의 내용과 형식에 있어 그 규모와 범위에서 당시(唐詩)보다 훨씬 확대된 모습을 보여 준다. 송대의 시인들은 생활 주변의 모든 것이 다 시의 재제가 되었고, 모든 문학형식을 다 이용하여 시를 지었다. 따라서 시의 내용에는 그동안 볼 수 없었던 철학적인 내용이나 하찮은 신변잡사를 노래한 작품도 있는가 하면, 표현 방법도 다양해서 산문적이고 설리적인 방법으로 표현하는가 하면, 더 깊은 함축을 위해 애써 단련한다거나 심지어는 이속(俚俗)한 표현까지도 사용했다. 이는 시의 대단한 발전이라 하겠다.

북송초기 약 40년간은 건국의 기초를 다지던 시기이로 왕우칭(王禹偁)이 가장 두드러진 작품을 남겼다. 북송의 기강이 잡히자 당시의 고급관료들을 중심으로 이상은의 유미주의를 본떠 아름다운 사조와 문장의 조탁을 추구하던 '서곤체(西崑體)'가 성행하였다.

그 뒤 북송을 대표하는 매요신(梅堯臣), 소순흠(蘇舜欽), 구양수(歐陽修)라는 대문호가 출현하여 당시(唐詩)와는 다른 새로운 풍격의 송시를 개척하기 시작했다. 매요신은 평담(平淡)한 시를 내세웠고, 소순흠은 호준(豪俊)한 시를 드러냈는데, 구양수는 이를 종합하여 새로운 송시를 개척하였다.

뒤이은 시기는 송시의 본격적인 발전을 보여주는 시기이다. 송시뿐 아니라 중국시의 발전이 이 시기에 최고조로 달했다고도 할 수 있겠다. 소식(蘇軾), 왕안석(王安石), 황정견(黃庭堅) 등이 출현하였고, 그 외에도 많은 빼어난 시인들이 나왔다. 왕안석은 정치적으로 혁신파의 영도자답게 강렬하게 개성 있는 작품을 썼지만 만년에는 부드럽고 원숙한 시를 썼다. 소식은 시뿐 아니라 고문과 사(詞)에서도 그 시대를 대표할 대가이며 중국을 대표하는 대문호이다. 그의 작품에는 형식과 내용 모든 면에서 변화가 많았으며, 모든 시경(詩境)에서 빼어났다. 이런 점에서는 이백, 두보도 따르지 못할 것이다. 황정견은 시의 표현에 단련을 거듭하여 독특한 시를 써냄으로써 '강서시파(江西詩派)'의 조종이 되었다. 강서시파는 남송뿐만 아니라 후세까지도 중국 시단에 큰 영향을 끼친 시파이다. 이들 외에도 황정견과 함께 소문사학사(蘇門四學士)라 불리는 진관(秦觀), 조보지(晁補之), 장뢰(張耒)와 강서시파에 속하는 진사도(陳師道) 등이 두드러진다.

47

과주에 정박하여

(박선과주 泊船瓜洲)

왕안석(王安石)

왕안석(王安石, 1021~1086)

자는 개보(介甫), 호는 반산(半山)이며, 무주(撫州) 임천(臨川, 강소성)사람이다. 낮은 관료 집안에서 태어나 북송 인종 경력(慶曆) 2년(1042년) 진사에 급제했고, 가우(嘉祐) 3년(1058년)에는 부국강병정책으로 변법(變法)을 주장했다. 신종이 즉위한 이듬해(1070년) 재상이 되어 변법을 실행에 옮겼으나 보수파의 반대로 뜻을 이루지 못했다. 1076년에 재상에서 물러나 금릉(金陵, 남경)의 종산으로 옮겨가 살았다. 여기서 불학(佛學)을 공부하고 시를 지으며 만년을 보냈다.

초기 시가는 사회 현실을 반영하고 자신의 정치사상을 표출한 시가 많았으나, 만년에는 시풍이 일변하여 단순한 경치묘사나 서정을 표출하는 시가 많다. 만년의 시들은 그의 대표적인 작품들로 소식의 작품과 함께 송시의 최고봉을 이룬다고 할 수 있다. 약 1,500여 수의 시가 전하며, 특히 칠언절구에 뛰어났다.

泊船瓜州 박선과주

京口瓜州一水間,　　경구과주일수간,
鍾山只隔數重山。　　종산지격수중산.
春風自綠江南岸,　　춘풍자록강남안,
明月何時照我還。　　명월하시조아환.

과주에 정박하여

경구와 과주는 장강 하나 사이,
종산은 다만 몇 겹 산 넘어 있네.
봄바람은 강남 언덕 절로 푸르게 하건만,
밝은 달은 언제쯤 내 귀향 비춰줄까?

泊船瓜州 Bó chuán guā zhōu

京口瓜州一水间, Jīngkǒu Guāzhōu yìshuǐ jiān,
锺山只隔数重山。 Zhōngshān zhǐ gé shùchóng shān.
春风自绿江南岸, Chūnfēng zì lǜ jiāngnán'àn,
明月何时照我还。 Míngyuè héshí zhào wǒhuán.

자구풀이

1. 瓜州(과주, Guāzhōu) : 지금의 강소성 강도현(江都縣) 남쪽에 있으며, 당나라 때는 대운하가 이곳에서부터 장강으로 들어가는 교통의 요지였음. (오이－과) (섬－주)
2. 京口(경구, Jīngkǒu) : 지금의 강소성 진강(鎭江). (서울－경) (입－구)
3. 間(간, jiān) : 간격을 둠. 떨어져 있음. (사이－간)
4, 鍾山(종산, Zhōngshān) : 남경의 자금산(紫金山)을 말함. 왕안석이 재상에서 물러난 후 이곳에서 살았음. (종－종) (뫼－산)

감상

왕안석은 신법(新法)을 시행하다 1차 재상직에서 물러난 후 종산(鍾山)이 있는 금릉(지금의 남경)에서 살았다. 이듬해 다시 신종(神宗)의 부름을 받고 재상으로 중용되어 경성(京城,지금의 개봉)으로 가게 되었다. 이 시는 경성으로 가기 위해 과주(瓜州)에 도달한 후 하룻밤을 묵으면서 과주의 건너편 대안인 경구(京口)를 바라보며 첩첩한 산 너머 있을 종산을 그리워한 작품이다. 그는 종산에 대한 애착이 많았다고 한다. 때문에 훗날 종산으로 다시 돌아오기를 바라며 장강 언덕을 푸르게 물들이는 봄풀을 보고, 다시 달빛 받으며 돌아올 자신의 앞날을 연상하고 있다.

특히 제3구는 왕안석이 여러 번 고쳐 써 뛰어난 수사기교를 발휘한 명구로 유명하다. 그는 '綠' 자 대신 '到', '來', '滿', '過' 등 무려 열 몇 개의 동사를 썼다가, 결국 '綠'자로 고쳤다고 한다. '綠' 은 원래는 '푸르다'라는 형용사인데, 여기에서는 '푸르게 하다'라는 동사로 쓰여 봄날 강 언덕을 푸르게 물들이는 역동성을 표현했다. 또한 제4구의 '언제쯤 돌아오는 나를 비추어줄까'는 그의 심리상태를 표현한 말이다. 자신의 정치적인 포부와 이상이 현실에서 순탄하게 실행될 수 없음을 잘 알기 때문에 하루속히 다시 돌아오기를 바라는 마음을 표현한 것으로, 이 말은 그의 다른 시에서도 여러 번 출현하고 있다.

48

서호에서 음주, 처음 맑음 나중 비
(음호상초청후우 飮湖上初晴後雨)

소식(蘇軾)

소식(蘇軾, 1037~1101)

소식은 자(字)가 자첨(子瞻)이고, 호는 동파(東坡)이다. 북송 미산(眉山, 사천성) 사람으로 아버지 소순(蘇洵), 아우 소철(蘇轍)과 함께 '삼소(三蘇)'라 불려 진 문호(文豪)이다. 가우(嘉祐) 2년(1057)에 진사가 되어 대리평사봉상부첨판(大理評事鳳翔府簽判) 등을 지냈다. 왕안석의 신법에 반대하여 신종(神宗)에게 상소했다가 항주(杭州) 통판(通判)으로 내쫓겼고, 다시 서주(徐州)와 호주(湖州) 등의 지주(知州)를 역임했다. 그리고 시로써 시정을 풍자했다 하여 죽음을 겨우 면한 뒤 황주(黃州)로 귀양갔다. 철종이 즉위하자 조봉랑(朝奉郎)으로 불러들였으며, 중서사인(中書舍人), 한림학사(翰林學士), 시독(侍讀)들을 지냈다. 소성(紹聖) 초(1094)에는 다시 신법을 행하는 바람에 혜주(惠州), 창화(昌化) 등지로 쫓겨났다. 휘종(徽宗) 때 대사(大赦)로 조봉랑(朝奉郎)이 되고 다시 성도옥국관제거(成都玉局觀提擧)가 되었다. 죽은 뒤 시호(諡號)를 문충(文忠)이라 하였다. 시, 사, 산문에 있어 송대(宋代) 문단을 대표하는 문호이고,

서예의 대가이며, 그림에 있어서도 문인화의 창시자로 명성을 떨쳤다. '소문사학사(蘇門四學士)'를 비롯한 수많은 후진(後進)을 양성하였고, 수많은 학술적인 저술 이외에도 『소동파집(蘇東坡集)』 115권과 『동파사(東坡詞)』 1권이 있다.

飮湖上初晴後雨 음호상초청후우

水光瀲灩晴方好， 수광염렴청방호,
山色空濛雨亦奇。 산색공몽우역기.
欲把西湖比西子， 욕파서호비서자,
淡妝濃抹總相宜。 담장농말총상의.

서호에서의 음주, 처음 맑음 나중 비

물 빛 반짝반짝 마침 날씨 맑아 아름답고,
산 색 흐릿흐릿 역시 비 내려도 뛰어나다.
서호를 가져다가 서시에게 견준다면,
엷은 화장 짙은 단장 모두 어울린다.

饮湖上初晴后雨

Yǐn húshàng chūqíng hòuyǔ

水光潋滟晴方好,

Shuǐguāng liànyàn qíng fāng hǎo,

山色空蒙雨亦奇。

Shānsè kōngméng yǔ yì qí.

欲把西湖比西子,

Yù bǎ Xīhú bǐ Xīzǐ,

淡妆浓抹总相宜。

Dànzhuāng nóngmǒ zǒng xiāngyí.

자구풀이

1. 飮湖上(음호상, yǐnhúshàng) : 호수에서 술을 마심. 여기서 호수는 항주의 '서호(西湖)'를 가리킴. (마실－음) (호수－호)
2. 瀲灩(염염, liànyàn) : 물결이 반짝거리는 모양. (넘칠－염) (물결 출렁거릴－염)
3. 空濛(공몽, kōngméng) : 있는 듯 없는 듯한 모양. (빌－공) (가랑비 올－몽)
4. 西子(서자, Xīzǐ) : 서시(西施). 서시는 춘추시대 월나라의 미녀로, 후에 오나라 임금 부차 (夫差)의 총희가 되어 오나라를 패망시키는 데 큰 공을 세움. 서시의 고향은 서호부근에 있음. (서녘－서) (아들－자)
5. 淡妝濃抹(담장농말, dànzhuāngnóngmǒ) : 옅은 화장이나 짙은 화장. (묽을－담) (꾸밀－장) (짙을－농) (바를－말)
6. 相宜(상의, xiāngyí) : 적합함. 어울림. (서로－상) (마땅할－의)

감상

소식이 항주 통판으로 재직하던 시절, 서호에서 술을 마시며 맑다가 흐려진 서호의 경치를 읊었다. 서호를 묘사한 시 가운데 가장 많이 애송되는 7언 절구이다. 서호는 날씨가 맑을 때는 맑은 대로, 비올 때는 또 비오는 대로 나름대로의 정취가 있다. 시인은 뛰어난 기지를 발휘하여 서호를 미녀 서시에 비유했다. 서호와 서시는 단지 글자 한 자 차이이기 때문에 그 둘이 본래 무슨 연관이 있는 것처럼 보인다. 시인은 뛰어난 재치로 서시와 서호를 관련지어 시에다 자연스럽게 내보였다. '담장농말'. 서호의 맑은 경치는 서시의 짙은 화장, 비 오는 뿌연 경치는 서시의 옅은 화장. 이 신선한 비유는 대단히 성공하여 오늘 날까지도 사람들은 서호를 '서자호(西子湖)'라고 부르게 됐다. 맑은 날씨든 비 오는 날씨든 서호의 부드러운 풍광은 마음이 트이고 기분을 상쾌하게 한다.

49

서림사의 벽에 쓰다

(제서림벽 題西林壁)

소식(蘇軾)

題西林壁 제서림벽

橫看成嶺側成峰, 횡간성령측성봉,
遠近高低各不同。 원근고저각부동.
不識廬山眞面目, 불식여산진면목,
只緣身在此山中。 지연신재차산중.

서림사의 벽에 쓰다

바로 보니 산줄기 곁을 보니 산봉우리,
멀고 가깝고 높고 낮고 제각기 다르네.
여산의 진면목을 알지 못함은,
단지 내 몸이 이 산속에 있기 때문.

题西林壁

Tí Xīlínbì

横看成岭侧成峰,
Héng kàn chéng lǐng cè chéng fēng,
远近高低各不同。
Yuǎnjìn gāodī gè bù tóng.
不识庐山真面目,
Bù shí Lúshān zhēn miànmù,
只缘身在此山中。
Zhǐ yuán shēn zài cǐ shān zhōng.

자구풀이

1. 題(제, tí) : 적음, 씀. (표제 – 제)
2. 西林(서림, Xīlín) : 여산에 있는 서림사를 말함. 후에 건명사(乾明寺)라고 개명함. (수풀 – 림)
3. 橫看(횡간, héngkàn) : 가로질러 봄. 똑바로 봄. (가로 – 횡)
4. 嶺(령, lǐng) : 산자락. (재 – 령)
5. 側(측, cè) : 옆, 곁. (곁 – 측)
6. 廬山(여산, Lúshān) : 강서성 구강현(九江縣)에 있는 명산. (오두막집 – 여)
7. 眞面目(진면목, zhēnmiànmù) : 참모습. (참 – 진) (낯 – 면) (눈 – 목)
8. 只緣(지연, zhǐyuán) : 단지 ~하기 때문에. (다만 – 지) (가선 – 연)

감상

소식은 북송 신종 원풍 7년(1084) 황주(黃州)의 유배지에서 여주(汝州)로 옮겨가는 도중 여산에서 10여 일 동안 유람하면서 일련의 시를 썼다. 이 시는 그 중의 하나로 여산을 유람하면서 느낀 바를 당시 서림사의 벽에다 적은 시이다.

대체적인 송시의 특징 중 하나가 시가에다 철리(哲理)를 밝히고 있다는 점인데, 이 시 역시도 그러하다.

앞 두 구에는 경치를 묘사했지만 일반적인 경치가 아니라, 여산이 보는 각도에 따라 제각기 다른 모습으로 보이는 현상을 말했다. 바로 볼 때와 옆으로 볼 때, 멀리서 볼 때와 가까이서 볼 때, 높은데서 볼 때와 낮은 데서 볼 때, 여산의 모습은 제각기 다르게 보인다.

뒤의 두 구는 시인이 이로부터 느낀 소감을 쓰고 있다. 왜 여산의 전체적인 모습을 볼 수 없을까? 원인은 아주 간단하다. 자신의 몸이 여산 속에 있기 때문에 시야의 제한을 받은 것이다. 사물의 전체에 대한 이해는 오직 사물에서 벗어나 이를 관조해야만 가능한 것이라는 철리를 밝히고 있다. 세상살이에서 장님이 코끼리 일부를 만지고 코끼리의 전체형상인양 말하듯, 일부분을 전체로 판단하는 우매함을 저질러선 안 된다는 경책이다. 우리의 생활 속에도 이와 같은 일들이 많이 있다. 당사자는 잘 모르고 방관자가 똑똑히 아는 경우도 이에 해당할 것이다.

소식은 이 시에서 일부분을 전체로 간주하는 근시안적인 사고로 현재를 비관해선 안 된다는 거시적이고 철리적인 인생관을 보여주고 있다. 자신의 현재 유배생활도 비관해선 안 된다는 의미도 해당한다. '여산진면목'이라는 말은 지금도 중국 사람들이 생활 속에서 상용하는 성어가 되었다. 이 짧은 시가에서 게시하는 철리를 사람들은 깊이 깨달은 것이다.

남송시 南宋詩

아들에게(시아 示兒)

50

아들에게(시아 示兒)

육유(陸游)

육유(陸游, 1125~1210)

자는 무관(務觀)이고, 호는 방옹(放翁)이며, 월주(越州) 산음(山陰, 절강성 紹興)사람이다. 어려서부터 시와 문장에 능했고, 벼슬은 여러 지방의 통판과 예부낭중을 거쳐 보모각대제(寶謨閣待制)까지 올랐다. 처음에는 '강서시풍'을 공부하였으나, 중년 남송에 와서는 우국의 열정으로 어떤 격식에도 얽매이지 않는 분방한 시를 썼고, 만년에는 다시 한담하고 매끄러운 시들을 썼다. 그의 시는 금에게 빼앗긴 중원을 되찾으려는 정열로 모든 격식이나 습관을 돌보지 않던 중년의 것들이 대표한다. 86세 까지 장수한 작가로 1만여 수의 시를 지었으며, 남송 제1의 대가이고 애국시인이다.

示兒 시아

死去元知萬事空，　사거원지만사공,
但悲不見九州同。　단비불견구주동.
王師北定中原日，　왕사북정중원일,
家祭無忘告乃翁。　가제무망고내옹.

아들에게

죽고 나면 모든 게 허무한 걸 알지만,
단지 조국 통일 못 본 게 비통하구나.
조정군대 북진하여 중원 땅 되찾는 날,
제사 때 잊지 말고 애비에게 알려다오.

示儿

Shì ér

死去元知万事空,
Sǐ qù yuán zhī wànshì kōng,
但悲不见九州同。
Dàn bēi bú jiàn jiǔzhōu tóng.
王师北定中原日,
Wángshī běi dìng zhōngyuán rì,
家祭无忘告乃翁。
Jiājì wú wàng gào nǎiwēng.

자구풀이

1. 示兒(시아, shìér) : 아들에게 보인다. '示'는 '보인다, 알린다'는 뜻. 육유에게는 모두 여섯 명의 아들이 있었음. (보일－시) (아이－아)
2. 元知(원지, yuánzhī) : 원래부터 알았음. (으뜸－원) (알－지)
3. 但悲(단비, dànbēi) : 단지 ~ 때문에 슬픔. (다만－단) (슬플－비)
4. 九州同(구주동, jiǔzhōutóng) : 중국을 통일함. 고대에는 중국을 기(冀), 연(兖), 청(青), 서 (徐), 양(揚), 형(荊), 예(豫), 양(梁), 옹(雍)의 아홉 주(州)로 나누어 다스렸기 때문에, 후세 에는 '구주(九州)'가 중국을 대신하는 말이 됐음. '구주동'은 구주가 같이 된다는 뜻으로 '중국의 통일'을 의미함. (아홉－구) (고을－주) (한가지－동)
5. 王師(왕사, wángshī) : 조정의 군대. 여기서 '師'는 군대를 말함. (임금－왕) (스승－사)
6. 中原(중원, zhōngyuán) : 중국의 중앙부. 황하 유역 일대를 가리킴. 당시 1209년에는 여진족이 쳐들어와 금나라를 세웠음. 그 뒤 1234년에는 금나라가 몽고군에게 멸망되고, 1279년에는 남송까지 멸망되어, 마침내 전 중국은 몽고족의 원나라 지배하에 들어갔음. (가운데－중) (근원－원)
7. 家祭(가제, jiājì) : 집안의 제사. (집－가) (제사－제)
8. 無忘(무망, wúwàng) : 잊지 말라. 여기서 '無'는 '~하지 말라'는 뜻임. (없을－무) (잊을－망)
9. 乃翁(내옹, nǎiwēng) : 너희들의 아버지. '乃'는 '너'이고, '翁'은 '아버지'라는 뜻임. 여기서 는 육유 자신을 가리킴. (이에－내) (늙은이－옹)

감상

가정(嘉靖) 2년 12월 29일(1210년 1월 25일), 85세의 노시인 육유가 자식들에게 임종 전에 남긴 마지막 유언시이다.

시인은 죽은 뒤엔 만사가 모두 허무한 일임을 잘 알지만, 마음속에는 여전히 조국의 통일을 잊지 못하고 있다. 조국의 통일은 애국시인 육유가 필생 이루고자하는 목표였다. 그러나 남송 조정의 무력함과 주화파(主和派 ; 당시 북진하여 금을 치자는 주전파와, 금나라와 화친을 맺자는 주화파가 있었음)의 저지 때문에 끝내 자신의 목표를 실현시킬 수 없었다. 시인은 죽음에 임해서도 눈을 감지 못하고 자식들에게 북진 통일을 이룩하거든 제사 때 반드시 자신에게 알려달라고 유언시를 남긴다. 평생토록 그렇게 북진 통일하겠다고 염원하던 애국의 충정이 죽음의 순간까지 절실히 나타나 있다. 사람들은 그를 애국시인 육유라고 부른다.

부록

중국시가의 특징과 형식

중국의 시는 한자라는 독특한 형태와 특성을 바탕으로 형성되었다. 한자는 상형문자에서 출발하였기 때문에 글자 하나하나마다 자신의 형태와 음과 뜻을 갖추고 있다. 즉 한 개의 한자가 하나의 낱말로 쓰이는 단음절어라는 특징을 가지고 있다. 현대 중국어로 오면서 두 개 이상의 한자를 써서 하나의 낱말을 만드는 경우가 많아졌지만, 그것을 구성하는 한자는 각기 자기의 뜻을 가지고 있으므로 중국어는 여전히 단음절어라고 할 수 있다.

또한 중국어는 고립어의 특성을 갖고 있다. 이는 단어가 문장 가운데서 다른 단어와의 관계를 나타내는 표지를 갖지 않는 언어라는 뜻이다. 즉 영어나 불어는 단어가 변하여 주격 소유격 목적격 등으로 문법적인 요소를 나타내게 되는데, 이를 굴절어라 한다. 또한 한국어나 일본어처럼 한 낱말에 다른 것 즉 주격조사 목적격조사 등을 붙여 문법적인 요소를 결정하는데 이를 첨가어라고 한다. 그러나 중국어는 변하거나 붙일 것이 없이 순전히 그 낱말의 어순에 의존하기에 고립어라고 한다. 중국어의 고립적인 특성은 언어 형태를 간결하게 만드는 반면 의사전달에 혼란을 빚기도 하지만, 시어의 다의적인 해석을 가능하게 하여 시의 함의를 더욱 풍요롭게 하기도 한다.

단음절어에서 생기는 동음이의(同音異義)현상을 막기 위해 발달한 것이 바로 성조(聲調)이다. 때문에 중국어는 성조어라는 특징을 가지고 있다. 중국어의 성조는 오래 전부터 있었겠지만, 이에 대한 본격적인 연구는 불교의 전래와 함께 따라온 고대 인도의 발달된 음운학의 영향으로 이루어지기 시작했다. 성조를 포함하는 음운(音韻)에 관한 연구는 이를 계기로 활발히 진행되어, 위(魏)의 이등(李登)이 ≪성류(聲類)≫를 짓고, 양(梁)의 심약(沈約)이 ≪사성보(四聲譜)≫를 지어 성운에 대한 연구를 하였으나 모두 전하지 않는다. 현존하는 운서(韻書)로 가장 오래된 것은 601년 수(隋)의 육법언(陸法言) 등에 의해 출간된 ≪절운(切韻)≫을 들 수 있다. 음운이란 시대에 따라 변하고 지역에 따라 차이가 나므로 과거 어느 시기의 실제 발음을 알기는 어렵다. 다만 ≪절운≫에서는 평(平), 상(上), 거(去), 입(入)의 네 가지 성조에 193개의 운으로 분류하였고, 1008년 송(宋)의 진팽년(陳彭年)이 지은 ≪광운(廣韻)≫에서는 206운으로 나누어 놓았다. 이러한 연구의 주목적은 시가의 음악성을 높이기 위한 것이었는데 시가의 운률(韻律)은 실용적인 것이므로 이론상 약간의 차이가 있어도 통합할 수가 있는 것이다. 때문에 남송의 유연(劉淵)은 이를 107운으로 통합시켰고 그가 평수출신이라 하여 평수운(平水韻)이라고도 칭하였다. 원대에는 다시 두 개 운의 합병이 있어서 106운으로 되었으며 이도 역시 평수운이라고 하며, 이후의 시가에서는 모두 이를 따랐다. 또한 사성도 평성(平聲)과 측성(仄聲; 上聲, 去聲, 入聲)으로만 구분했다. 평성은 '평평하고 약간 긴 소리'이고, 측성은 '여러 가지로 굴곡되고 약간 짧은 소리'로, 그 청각적인 영상이 서로 상반된 것이다. 이런 상반된 느낌을 적절히 배합하여 조화의 극치를 이루도록 한 평측법을 운용하였다. 또한 시구의 끝 글자에는 압운을 하였다. 시구의 끝 글자는 그 여운이 길게 남는 곳이며, 그 여운은 당연히 끝 글자 음절의 끝 부분(韻腹과 韻尾)에 나타나게 된다. 이러한 여운을 동일한 청각영상으로 처리하여 리듬감을 살리고 느낌을 일관되게 유지하도록 한 것이 압운(押韻)이다. 평측과 압운은 상극의 보완과 동일의 조화를 절묘하게 이룬 중국고전시가에서만 구현될 수 있는 예술의 극치라고 할 수 있다. 압운현상은 운서가 정비되기 이전인 ≪시경≫에서도 그대로 반영되어 있었는데 이는 중국어의 특징에서 기인한 자연발생적인 것이며, 압운과 평측이 완전히 정비된 형태로 정형화된 것은 당나라에 완성된 근체시부터라고 할 수 있다.

이상과 같은 중국어의 독자적인 특성은 중국 시가의 독특한 예술미를 형성시켰다. 단음절어와 고립어에서 생기는 간결미, 간결에 의한 명쾌함, 또는 간결로 인한 암시, 명쾌와 암시를 강조하는 운율미, 또한 네모난 글자모양에서 오는 균제미, 통일된 글자 수의 조화미 등이 중국 시가의 독특한 아름다움을 형성하고 있다. 다음은 각 시형의 운율법칙을 살펴보자.

고체시는 고시라고도 하는데 여기에는 두 가지 의미가 있다. 하나는 근체시가 성립되기 이전의 시라는 뜻이고, 다른 하나는 근체시가 성립된 후 근체의 시식(詩式)에 맞지 않게 쓴 시를 말한다. 고시는 구절이나 글자의 수가 자유로우며, 평측의 규칙이 없고, 압운도 비교적 자유로운 시체이다.

근체시는 당나라 때 완성된 정형시로서, 고체시처럼 자유롭지 못하고 압운, 평측, 구의 자수(字數), 구수(句數) 등에 일정한 규칙이 정해져서 그 규칙이 엄격하게 적용되는 시체(詩體)를 말한다. 근체시에는 절구(絶句), 율시(律詩), 배율(排律)의 세 가지 형식이 있다.

절구는 자수와 구수가 율시의 절반인 4구로 이루어진 가장 짧은 시체이다. 5언과 7언이 있으며, 기(起), 승(承), 전(轉), 결(結)로 이루어져야 한다. 즉 제1구(기구)는 제목을 일으키는 발단이 되고, 제2구(승구)는 앞 구를 이어받아야 하며, 제3구(전구)는 전환시켰다가, 제4구(결구)에서 매듭을 지어야 한다. 5언 절구는 한 구가 5자씩 20자로 이루어져야 하며, 제2·4구는 압운을 하고, 제1·3구는 압운을 하지 않는다. 7언 절구는 한 구가 7자씩 28자로 이루어져야 하며, 제1·2·4구에 압운을 하고, 제3구는 압운을 하지 않는다(제1구에 압운을 하지 않는 경우도 있음). 5언 절구의 평측법은 다음과 같다.

(측)측평평측, (평)평측측평.

(평)평평측측, (측)측측평평. — 측기식(밑줄은 압운하는 운각)
(평)평평측측, (측)측측평평.
(측)측평평측, 평평(측)측평. — 평기식

모든 구의 제2자와 제4자는 평측을 다르게 하는 것을 원칙으로 하며 이를 '이사부동(二四不同)'이라고 한다. 7언 절구의 평측법은 다음과 같다.

(측)측평평(측)측평, (평)평(측)측측평평.
(평)평(측)측평평측, (측)측평평(측)측평. — 측기식
(평)평(측)측측평평, (측)측(평)평측측평.
(측)측(평)평평측측, (평)평(측)측측평평. — 평기식

7언도 모든 구에서 '이사부동(二四不同)'이어야 하며, 또한 제2자와 제6자는 반드시 평측이 같아야 한다. 이를 '이육대(二六對)'라고 한다. 따라서 근체시의 평측은 '제1 · 3 · 5자는 논하지 않고, 제2 · 4 · 6 자는 분명히 해야 한다(一三五不論, 二四六分明)'는 것이 원칙이다.

율시(律詩)는 자수와 구수가 절구의 배인 8구로 이루어진 시체이다. 제1 · 2구를 수련(首聯), 제3 · 4구를 함련(頷聯), 제5 · 6구를 경련(頸聯), 제7 · 8구를 미련(尾聯)이라고 부르며, 5언과 7언이 있다. 5언 율시는 짝수구의 끝 글자에 압운하는 것이 정법이지만, 제1구 끝 글자에도 압운할 수 있다. 7언 율시는 제1구의 끝 자와 짝수구의 끝 자에다 압운하는 것이 원칙이지만, 제1구의 끝 자에는 압운하지 않아도 된다. 율시의 평측도식은 절구의 평측도식을 둘 겹친 모양과 같다. 또한 율시에서는 함련과 경련이 반드시 대장(對仗)을 이루어야 한다. 대장이란 언어가 짝을 이루는 현상이다. 즉 앞 구와 뒤 구의 대응되는 글자 수가 같고, 뜻이 상응하며 문법적 기능이 같음을 말한다. 율시는 이처럼

함련과 경련의 앞 구와 뒤 구 두 구절 간의 평측, 의미, 구조가 모두 엄격한 대구를 이루어야 할 뿐 아니라, 같은 글자가 출현하는 것을 예외 없이 금기시 한다. 율시를 이해하려면 대구의 묘를 살펴야 한다. 대구 구성의 우열에 시의 생명이 좌우되기 때문이다.

배율(排律)은 10구 이상으로 이루어지며, 처음부터 끝까지 대장을 이루는 게 특징이다. 역시 5언 배율과 7언 배율이 있다.

악부시의 작법은 일정한 표준이 없고, 고시작법과 같을 수도 있고, 또 절구 작법과도 같이 율을 따라 음창할 수도 있다. 시어는 민가풍의 비교적 질박하고 토속적인 언어를 사용하며, 제목에는 항상 가(歌), 행(行), 음(吟), 농(弄), 곡(曲), 조(調), 요(謠), 사(辭), 인(引), 사(思), 편(篇), 원(怨) 등의 글자를 끝에 써서 고시와 구별한다.

이상은 시의 리듬을 다스리는 외재율에 대한 규정인데, 이러한 리듬의 조화는 반드시 감정의 정서적 흐름에 따라야 하며 이를 시의 내재율이라 한다. 즉 내재율은 감정의 파장을 말하는 것으로, 예컨대 북받쳐 오르는 감정은 그 표현 형식이 반드시 촉박하고 힘찬 리듬이 요구되고, 반면 비통스럽고 슬픈 감정은 반드시 가라앉고 느린 리듬이 요구되는 것이다. 이와 같이 해야만 시의 리듬은 비로소 원만한 조화를 이루며 표리가 일치하게 된다.

한자는 세계 어느 글자와도 비교할 수 없는 시적 언어이다. 단음절어, 고립어, 성조어라는 한자의 특성은 의미의 정밀이나 정확을 기할 수는 없지만 그것이 시어가 될 때는 한없는 함축성을 가지게 되며, 또한 음악적인 절주미를 가지게 되어 예술이 된다. 이러한 시적 언어를 가진 문자는 아마도 공전절후 할 것이다. 때문에 중국시가는 소리 내어 읽어야 한다. 언어들이 연주하는 음악을 감상하기 위해서는 읽고 낭송하여야하며, 이때 비로소 진정으로 시가의 아름다움을 느끼며 시심과 접촉할 수 있게 되는 것이다.

중국시가의 흐름

중국문학에서 시는 산문, 소설, 희곡 등 다양한 문학 장르에서 단연 원류이고, 주류이며, 꽃이었다. 기원전 1100년 경 만들어진 ≪시경≫에서부터 중국문학은 시작되었기 때문에 원류라 할 수 있고, 악부, 사, 곡, 변문, 창사 등의 제반 운문에 속하는 장르가 시에서 파생되었고, 산문이나, 소설, 희곡에도 거의 시가 등장하기 때문에 주류이며 꽃이라 할 수 있다.

≪시경≫은 서주(西周) 초기 B.C. 1100년부터 춘추 중엽인 B.C. 600년까지 약 500년 동안 황하유역을 중심으로 한 중국북방지역의 시가 305편을 모은 시가집이다. 여기에는 현실적이고 질박한 북방지역의 특색이 잘 드러나 있다. 이보다 200년쯤 뒤에는 남방의 장강유역을 중심으로 한 ≪초사≫가 나왔다. ≪초사≫는 ≪시경≫과는 대조적으로 남방의 특색을 잘 드러내며 환상적이고 낭만적인 문학세계를 열었다. ≪초사≫는 원래 무가(巫歌)에서 비롯되었으나 위대한 애국시인 굴원이 나오면서 시가로 승화되었다. 때문에 ≪초사≫하면 굴원을 연상시킬 수 있다. ≪시경≫과 ≪초사≫는 북방과 남방의 지역적인 특색을 대표하는 최초의 중국시가라고 할 수 있다.

한대(漢代, B.C.202~220)에는 악부(樂府)시와 고시(古詩)가 선을 보였다. 악부란 원래 음악을 관장하는 관청이었는데, 이곳에서는 민간에서 유행하는 노래를 채집하였다. 후에 여기에서 수집한 문학적인 가치가 높은 민요를 악부시라고 부르게 되었다. 악부시는 민중의 삶을 노래한 것이기에 그 당시의 생활상을 엿볼 수 있다. 악부의 구법(句法)은 일정치 않았으나 동한 말로 갈수록 점점 5언으로 정형화되어 갔다.

이에 지식인들은 민중의 노래인 악부시의 영향을 받아 5언으로 시를 지으며 5언 시가 정형화되기에 이르렀다.

고시란 당나라 때 근체시(율시와 절구)가 완성되자 그 이전의 시를 가리켜 한 말이다. 즉 고시는 율시나 절구보다 시구의 수나 평측, 압운의 규정이 보다 자유로운 것이었다. 당나라 사람들은 이를 고시, 율시와 절구를 근체시라고 구별했다. 위진(魏晋)시대에는 5언 고시가 완성되었고, 7언 고시는 위나라 때 시작되어 당나라 때 완성되었다. 남북조시대에는 유미주의 사조가 풍미하여 시인들은 시가의 내용보다는 중국어의 성조가 시가의 음악성과 깊은 관계가 있음을 느끼고 이것을 응용하는 성률(聲律)과 대장(對仗) 등 수사적 기교에 힘을 쏟았다. 위진 남북조 시기의 대표적 시인으로는 현실적인 작풍으로 자기의 감정이나 사상을 표현한 조식(曹植), 완적(阮籍), 도연명(陶淵明)과, 수사법에 심력을 쏟은 사령운(謝靈運), 포조(鮑照), 사조(謝脁) 등이 있다.

당나라(618~910년)는 중국이 다시 한 번 통일을 이룩한 대제국이었다. 한나라가 멸망된 뒤 400여 년간의 위진 남북조 시기는 분열과 혼란의 연속이었기에 중국문화는 외래적인 요소를 많이 흡수하게 되었다. 당나라에 이르면 외래적인 문화에다 남조의 낭만적이고 여성적인 면과 북조의 이국적이면서 남성적인 면을 절충한 문화가 새롭게 형성되었다. 이러한 특질은 당시(唐詩)에서도 유감없이 발휘되어 가히 시의 왕국이라 할 만큼 공전의 번영을 이룩하였다. 특히 남조에서 발달한 운률(韻律)과 대구(對句)의 수사법은 마침내 당대에 이르러 율시와 절구를 완성시켰다. 당나라는 오언·칠언의 율시, 절구, 배율과 같은 근체시는 물론이거니와 이전에 발생한 고시도 예술적인 성숙을 더하며 시가의 황금기를 이루었다. 당시의 발전양상을 초당, 성당, 중당, 만당으로 나누어 살펴본다.

초당시기에는 심전기(沈佺期), 송지문(宋之問) 등에 의해 근체시의 형식이 완성되었고, 진자앙(陳子昂), 장구령(張九齡) 등은 질박한 시풍을 중시하며 유미주의적인 시풍을 혁신하는데 힘을 기울였다.

성당시기 시가는 공전의 번영을 이룩하여 창의와 개성으로 다양한 시풍을 꽃피웠다. 대표적인 시인으로는 농촌과 산수의 아름다움을 그린 산수전원파 시인 왕유(王維), 맹호연(孟浩然) 등이 있었고, 변경지역의 이국적 풍물과 전쟁의 아픔을 노래한 변새파 시인 왕창령(王昌齡), 고적(高適), 잠삼(岑參) 등이 있었으며, 낭만적 시풍으로 천하에 이름을 떨친 시선 이백(李白), 인간애를 발휘하며 민초들의 아픔을 노래한 시성 두보(杜甫)도 있었다.

중당시기는 시가에 변화를 꾀하여 시가의 발전을 이룩하였다. 백거이(白居易), 원진(元稹)은 신악부 운동을 전개하며 시가의 대중화를 위해 노력했고, 한유(韓愈), 맹교(孟郊) 등은 기험한 시풍을 추구하여 발전을 모색했으며, 그밖에도 위응물(韋應物), 유종원(柳宗元), 유우석(劉禹錫), 이하(李賀) 등의 시인이 활약했다.

만당시기는 기울어져가는 당나라의 운명처럼 세기말적 퇴폐풍조가 만연하였고 시풍도 유미주의 성향으로 기울었다. 만당을 대표하는 시인으로는 이상은(李商隱) 두목(杜牧)을 들 수 있으며, 이들은 섬세하고 아름다운 시풍으로 독자에게 사랑을 받았다.

당나라가 멸망된 뒤 중국의 근세는 시작되었다. 근세의 시가는 사(詞) 와 산곡(散曲)이 주류를 이루었지만, 오, 칠언시는 근세에까지도 많은 사람들의 창작대상이 되었다. 송대(宋代)에는 당시(唐詩)의 세계와는 다른 송시의 독자적인 세계를 구축했다. 시가는 철학적인 철리시가 주류를 이루었으며, 일상생활의 잡다한 일들이 모두 시가의 재제로 쓰여 시가의 편수도 당시보다 월등히 많아졌다. 소식(蘇軾), 왕안석(王安石), 황정견(黃庭堅) 등이 대표적으로 송시를 꽃피운 시인들이다.

송대 이후는 모방을 일삼는 천편일률적인 시가가 주를 이루었지만 근체시인 오언, 칠언의 율시와 절구는 현대의 신문학운동이 전개되기 전까지도 과거시험의 한 과목으로 지정되어 여전히 지식인들에게 습

작의 대상이 되었다. 심지어는 봉건시대의 전통문학에 반기를 들고 5·4신문학운동을 주도했던 노신(魯迅), 곽말약(郭沫若), 욱달부(郁達夫) 같은 작가들도 적지 않은 근체시를 지었으며, 모택동(毛澤東)도 근체시를 즐겨 지었다.

저자

고팔미

한국외국어대학교 중국어과 졸업
대만보인(輔仁)대학교 중문학 석사
대만국립사범대학 중문학 박사
부산대학교 중어중문학과 전임강사
현) 동의대학교 중어중문학과 교수

저서: 『현장중국어』, 『대학한문』 공저,
『한유시가론』, 『중국명시의 이해』

논문: 「한유시 연구」,
「한맹시파의 심미성향 연구」
「중국근체시법론」
「한유의 "이문위시"와 그 영향」 외 다수

중국의 명시산책

초판 1쇄 발행 _ 2012년 8월 30일

저 자 • 고 팔 미
발행인 • 정 현 걸
발 행 • 신 아 사
인 쇄 • 예지인쇄
출판등록 • 1956년 1월 5일(제9–52호)
주 소 • 서울특별시 은평구 녹번동 28-36번지 2F
전 화 • (02) 382-6411 팩스 (02) 382-6401
홈페이지 • www.shinasa.co.kr
E-MAIL • shinasa@chol.com

ISBN 978-89-8396-775-6 (93720)

정가 *13,000* 원